会说话的女人最聪明

聪明女人
最想学的说话技巧

王新荣 编著

中国商业出版社

图书在版编目(CIP)数据

会说话的女人最聪明:聪明女人最想学的说话技巧/王新荣编著. —北京:中国商业出版社,2012.7(2019.10重印)
ISBN 978-7-5044-7785-9

Ⅰ.①会… Ⅱ.①王… Ⅲ.①女性—语言艺术—通俗读物 Ⅳ.①H019-49

中国版本图书馆 CIP 数据核字(2012)第 142910 号

责任编辑:张振学

中国商业出版社出版发行
010-63180647 www.c-cbook.com
(100053 北京广安门内报国寺1号)
新华书店总经销
三河市宏顺兴印刷有限公司

* * *

850 毫米×1168 毫米 32 开 6 印张 110 千字
2012 年 10 月第 1 版 2019 年 10 月第 2 次印刷
定价:35.00 元

* * *

(如有印装质量问题可更换)

前　言

"人好好在嘴上，马好好在腿上"这句俗语表明了口才的重要性。对一个女人来说，口才如何，是否会说话比任何装饰都更重要。女人需要化妆，需要漂亮的服装，需要香水和时髦的皮包。但有一样"化妆品"，也是最高级的"化妆品"——语言，它随时随地都起作用。

语言是必不可少的交际工具。我们要在这个世界上生存和发展，就没有一天能离得开语言。

语言是思想的外化，一个人的品格是粗鲁还是优雅，会在粗鲁或优雅的语言中自然而然地流露。

语言是世间最有力和最优美的武器。齐国名相晏子面对强大的敌人，凭借自己出色的论辩能力，机智地挫败了楚王的数次挑衅，既维护了齐国的利益，又捍卫了自己的尊严；诸葛亮出使东吴，舌战群儒，终于说服孙权和周瑜联刘抗曹，大破曹兵；周恩来总理，在谈判桌上，以他那闻名世界的智慧和口才，击败对手，一次又一次捍卫了祖国的尊严……

语言是把双刃剑，一句话说得好，可以令人心花怒放；一句话说得不好，可以令人火冒三丈。一句话可以令人们化敌为友，冰释前嫌，化干戈为玉帛；也可以化友为敌，甚至导致战争的爆发。善言者如鱼得水，成功呼之即来；不善言者处处碰壁，机会闻声而去。

拥有智慧的头脑和良好的口才，你就拥有了一笔取之不尽的财富，让你在博弈中赢得胜利；掌握了说话艺术，你就拿到了打开成功之门的钥匙，让你在激烈竞争中有可能立于不败之地。

一个会说话的女人是最聪明的女人。一个说话水平高的女人，口若悬河，谈吐隽永，妙语连珠，言辞得体。谈天说地，可以"天机去锦为我用"；赞美他人，能够"良言一句三冬暖"；给人安慰，"一叶一枝总关情"。这样的女人，往往总能得到他人的羡慕与尊重，能赢得他人的友谊、信任，支持与帮助，在事业上也容易获得成功。而说话水平低的女人，总是语无伦次，词不达意，就好像"茶壶里煮饺子——肚子里有货，嘴上却倒不出来"。

一个会说话的女人最有魅力。一个有魅力的女人，首先必须培养自己良好的说话风度。所谓说话风度，是一个女人的内在气质在言语上的表现，是一个人的涵养的外在表现。

现代社会是一个沟通与合作的时代，口才的好坏变得愈加重要。口才好的女人，可以广泛结交各种朋友，为自己的事业建立良好的人脉基础，从而轻松开启财富的宝库。可以说，拥有一张能说会道的巧嘴，就如同拥有一笔取之不尽的宝藏。

女人们，打开自己的话匣子，不要做沉默寡言的人。要"宣传"自己，让别人在工作上、事业上、心理上都全盘接受你，这对你将大有裨益。

本书以简洁流畅的语言，大量的口才实例全方位地介绍了如何与家人、爱人、同事等进行交流和沟通，深入浅出地向你透露胜人一筹的说话本领，打造卓越的说话技巧，帮你在面对各式各样的人时，都能应对自如，处变不惊，让你成为一个会说话的女人。

目录

上篇 会说话的女人以智慧铸就魅力

第一章 会说话的女人最有魅力
练就独特的妩媚声音 …… 3
会说话的女人会用词 …… 5
掌握说话的艺术 …… 7
女人长得漂亮，不如说得漂亮 …… 10

第二章 会说话的女人情场上如鱼得水
多说不如巧说 …… 14
用"废话"温暖爱情 …… 16
巧用"斗嘴"增进感情 …… 18
甜言蜜语让爱情升温 …… 20

第三章 会说话的女人交际中圆融通达
不要轻易说"随便" …… 24
做好公共演讲的准备 …… 26
掌握交际中的沉默术 …… 28
不要打断别人说话 …… 31

第四章 会说话的女人工作上驰骋自如
与上司争辩的原则 …… 35

学会拒绝他人的技巧 ……………………………………… 37
说话要给别人留台阶 ……………………………………… 40
切莫"硬邦邦"地说话 ……………………………………… 42

第五章　会说话的女人家庭其乐融融

不做唠叨的女人 …………………………………………… 46
好老公是夸出来的 ………………………………………… 48
和孩子沟通的艺术 ………………………………………… 51
不妨撒撒娇 ………………………………………………… 53

中篇　会说话的女人用心计赢得气场

第一章　会说话的女人最亲和
——聪明女人的话是暖的

从语言中流露你的真情 …………………………………… 59
用一颗平和的心宽恕他人 ………………………………… 61
给语言加点温度 …………………………………………… 63
给批评加上"糖衣" ………………………………………… 66

第二章　会说话的女人会赞美
——聪明女人的嘴是甜的

赞美是一种巨大的力量 …………………………………… 70
女人必学的赞美方式 ……………………………………… 72
赞美要恰如其分 …………………………………………… 74
赞美的话要大声说出来 …………………………………… 77
赞美一定要因时而异 ……………………………………… 79

第三章　会说话的女人有分寸
——聪明的女人心里有谱

聪明的女人说话懂分寸 …………………………………… 84

开玩笑要注意尺度 …… 86
不要背后说人长短 …… 88
切勿哪壶不开提哪壶 …… 90

第四章　会说话的女人会倾听
——聪明女人不会捂着耳朵
女人要会倾听 …… 94
善于倾听是一种修养 …… 96
把说话的机会留给别人 …… 99
学做一个"听话"高手 …… 102
认真的倾听是一种尊重 …… 104

第五章　会说话的女人懂幽默
——聪明女人让你从内心里微笑
做一个幽默的女人 …… 109
懂幽默的女人最聪明 …… 112
幽默的女人犯了错也可爱 …… 114
幽默是一种神奇的力量 …… 117

第六章　会说话的女人很灵活
——聪明女人总能化解矛盾
说话要留有余地 …… 121
用微笑化解一切矛盾 …… 124
正确化解夫妻间的矛盾 …… 126
巧妙化解职场矛盾 …… 129

下篇　会说话的女人靠策略赢得人心

第一章　攻心法——摸透人心再开口
看透对方的心理攻心为上 …… 135

巧妙批评让人口服心也服 ……………………………… 137
攻心为上，劝说他人才有效 ……………………………… 140

第二章　委婉法——央求不如婉求

委婉的话语不伤人 ………………………………………… 144
巧用"潜台词" …………………………………………… 146
采用委婉批评法 …………………………………………… 148
委婉含蓄说服他人 ………………………………………… 150

第三章　情感法——以理服人更要以情动人

以情动人，感动人心 ……………………………………… 154
尊重别人就是尊重自己 …………………………………… 156
真诚的向他人道谢 ………………………………………… 159
诚恳的与他人交流 ………………………………………… 162

第四章　迂回法——百折不挠方可让人心服口服

迂回法——投其所好 ……………………………………… 166
迂回法——反客为主 ……………………………………… 169
迂回法——欲擒故纵 ……………………………………… 171

第五章　类比法——譬喻类比让说服变得更生动

用简单有趣的小事譬喻大道理 …………………………… 176
用通俗易懂的比喻说服别人 ……………………………… 178
借题发挥能让人对问题有个直观的认识 ………………… 181

上篇　会说话的女人以智慧铸就魅力

——说话是一种艺术,会说话是一种技术

一个会说话的女人是最有魅力的女人。一个有魅力的女人除了美妙的声音,最重要的一点就是会说话。一个有魅力的女人,首先必须培养自己良好的说话风度。说话风度,就是指一个女人的内在气质在言语上的表现,是一个女人涵养的外在表现。一个女人说话是要讲究技巧和分寸的。一个女人所说的话是否有魅力,直接影响到她是否对对方具有吸引力,也关系到她是否具有良好的人缘。使自己的说话具有风度,这是女人增强自己说话魅力的重要途径。但是女人同时也要注意,你切不可为了风度而风度,结果让自己反而显得矫揉造作或搔首弄姿,毫无风度可言。你应该按照自己的个性、身份,以及说话的对象和说话的场合,适宜地讲究自己的风度,做一个会说话的女人。

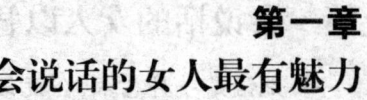

第一章
会说话的女人最有魅力

　　口才对一个女人而言是相当重要的,一个会说话的女人是最有魅力的女人。一个人说话是要讲究技巧和分寸的。一个女人所说的话是否有魅力,直接影响到她是否对对方具有吸引力,也关系到她是否具有良好的人缘,同时还影响到她能否自如地与别人交谈,并表现出足够的自信。

练就独特的妩媚声音

靳羽西说,一个有魅力的女人,说话的声音一定不能大。但在繁忙喧嚣的现代生活中,女人往往忘记控制自己的音量,不自觉地提高了声音,没有了女性特有的优雅。

声音是女人的第二张脸,好好地修饰它,让它或者圆润或者甜美或者妩媚,会让你的爱情和事业更加成功。

1. 听声识女人

因为声音,我们会爱上一个人;因为声音,我们会厌弃一个人。记得有句话说:人到三十岁之后应该为自己的脸负责。声音也是人的另外一张脸。从静默开始,到最后拥有了各种不同的声音,有的温婉、有的高亢、有的粗糙、有的尖细……每个人都应该为自己的声音负责。

声音是女人裸露的灵魂,试着回忆平时电话线传过来的声音:骄横的女人,声音里张扬着自以为是处处高人一等的轻狂;谨小慎微的女人,声音听起来期期艾艾,因为每一句话都要三思而后行;豪放洒脱的女人,隔着距离也能感觉到她如火如荼的热情。

声音透着多年的教养,表达了女人的自信,女人的娇媚,女人的清纯和羞涩腼腆。

声音是有表情的,它们在一个透明的世界里纠缠分散和消失,演绎着现实世界中的你。修饰你的声音,利用你的声音,你一定会有意外的惊喜。

2. 柔媚——风情万种的味道

柔媚的声音适合风情万种的女人,漂亮的波浪卷发,青纱摇曳的长裙,细细高高的鞋跟,再配上玛丽莲·梦露般性感的声音……那是能够穿透男人灵魂的旋律。柔媚的声音总是和鼻音联系在一起,"嘛""呢""嗯"是柔媚声音中的常用字;柔媚的声音应该是低沉的,有时甚至像若有若无的独自叹息;柔媚的声音还应该有点磁性,这样才有回味……

3. 清甜——惹人怜爱的愉悦

和柔媚的鼻音相反,清甜的声音是和声调联系在一起的,"呀""哦"这些疑问词的使用频率是最高的;清甜的声音还应该带有一丝的愉悦,像和煦的阳光;清甜的声音还应该有一丝的懵懂,惹人怜爱……

4. 平和——成熟宁静的魅力

如果由于天赋原因,无法把声音修炼得柔媚或者清甜;也或者觉得这样的声音有做作之嫌,那么至少你的声音可以平和。卢梭曾在《忏悔录》中讲述了他的第一个恋人华伦夫人的声音魅力:她的声音平和、亲切,充满了母爱,使得年仅十六岁的卢梭从此陷入单相思的情网。直到晚年,卢梭每每回忆起来,还恍如昨日。

生活节奏太快,工作压力太大,难免心浮气躁,难免怕自己的声音被别人忽略而经常提高音量。但声音高不见得有道理。哪怕是有意见,哪怕是很生气,也要心平气和地说。平和宁静的声音会影响周围的人,这样的女人,大家怎么能不喜欢呢?

5. 频率——给语言美的节奏

有个白净漂亮的女人,平常说话速度太快,又特别喜欢说话。有一天,她突然感冒失声了两天,男朋友却说:你不说话的时候是最可爱的时候。原因很简单,她说话的速度太快,不是让人感觉像吵架,就是让你听不明白,还经常引起不必要的误会。所以,她现在经常自我提醒,把语速放慢。果然当频率和音调配合得恰到好处时,也是爱情丰收的时刻。

很多女强人总是说,太多的事情十万火急,不能不快点儿说。其实,说得再快又能节约几秒钟呢?而且说得太快,命令的痕迹不免重了点,和下属似乎多了一点儿隔阂。其实,有工作魅力的女强人加上不温不火的语速,是成熟女人的魅力所在。

6. 美嗓宝典

不要吃得过辣。辛辣食物能让你逞一时口舌之快,但粗犷沙哑的声音足以让每个人退避三舍。

避免长时间说话。即使再美丽的声音,不加休息也会有罢工的时候。

食物疗法。少吃润喉片,不少润喉片里含碘,长期有碘的刺激会导致声带变厚,声音变粗。最简单的食疗是用晒干的香蕉片加冰糖煮水喝。

有意识地练习。如果嫌自己的声音过度尖利,不要怕,可以通过后天的练习来改善。压低声音学习用气息来发声,当然这还要结合跑步等运动增加肺活量。

会说话的女人会用词

一个女人千万不要说粗话。一句粗话会让一个穿着端庄、容貌秀丽的魅力女人形象顷刻之间大打折扣,让人忘记了她所有美好的东西而只记住这句粗话。

女人说话时的用词造句会影响自己的语言表达,说话时若能运用恰当的词汇,并将自己声音的魅力显现出来,一定能够吸引人继续聆听。当然,语言的风格是个人文化素养的体现,挂在嘴边的口头禅所属的语言风格,会让人很自然地把你与这种气质联系到一起。

女人优雅的用词造句要点包括：

1. 千万不要说粗话

说粗话的情况可以出现在社会各个阶层，有许多学识深、地位高的"高级人士"也会在自己遇到稍微不顺心的事时，用一句粗话来发泄自己郁闷的情绪。其实发泄的手段和方式有很多，说粗话只是下下策。

2. 语言简练

谈话中要避免冗长无味或意思重复的言语，如"你明白我的意思吗？""你说好不好？""你知道吗？"这样的言语会让对方觉得自己的智商和理解能力受到了怀疑。

3. 语句完整，语速适中

说完整的词句，不要吞吞吐吐或欲言又止，如此会让人觉得不明快。语速不宜过快，也不宜过慢。一个适中的、适合人的听觉的语速是需要经过长期刻意锻炼的，不会很辛苦，但却需要用心去练。

4. 开场忌用"流行语"

不要采用流行语、口头禅作为开场白，如："哇塞！"可能有些女性从身边的孩子身上学到不少惯用的流行语，以为说了这些话就代表跟得上潮流，实则不然，说着一口年轻人的流行语，既幼稚又有失身份，完全背离了初衷。这可不是气质优雅的女性想要给人的印象。

5. 在正式场合，不要使用鼻音词汇

一些女人不管在什么场合，都喜欢用"嗯""喔"等简单的鼻音词汇来表达自己的意见，同意或者否定。殊不知，这样的发音给人的印象是极其不好的。一则表现出自己的懒惰，二则表现了对听者的不尊重，令谈话者有不受重视的感觉。因此，一定要力戒这类发音从你的交谈话语中出现。

6. 优化口头禅

这一点要多说两句。就像每个人都有他的习惯动作一样，几乎每个人都有他的口头禅。它在不知不觉中,已构成你个人形象的一部分,甚至是重要的一部分。

语言的风格是个人文化素养的体现,挂在嘴边的口头禅所属的语言风格,会让人很自然地把你与这种气质联系到一起:"谢谢""对不起"等文明、有教养的词汇让人感觉到你的举止文雅。

有一位女性,她的口头禅非常特别:"没问题。"这三个字很简单、也很有力度。不管遇到什么麻烦的事、困难的事她总是说"没问题",也许这是她的无心之言,但是,这句话还是有很强的感染力,在大家惶恐不安时,这句话犹如一颗定心丸。当然这句话能够成为她的口头禅也是因为她平常做事确实是胸有成竹,总是俯视问题,久而久之才有了这样的说话习惯。

一个会说话的女人在开口说话之前一定要想好措词,然后再开口,如此方能说出恰当得体的话,给对方留下好印象。

掌握说话的艺术

在中国,说话还有很多"别称",山东人叫"拉呱",东北人叫"唠嗑",而到了北京人那里,说话聊天又成了"侃大山"。尤其是这最后的"侃",影响最大,也大有学问。

所谓"侃",就是侃侃而谈的意思,比如在一些人中间能将某人某事说得头头是道。"对侃"是几个人各人都能说一套,把一个话题说深说透。训练口才,不应放过一切"侃"的机会,要大胆地"侃",饶有兴味地"侃",互不相让地"侃"。

能说会道的人被戏称为"侃爷",走遍大江南北,这类人非常多。当"侃爷"什么都不要，只要两张嘴皮子就可以了。"侃"是闲谈、聊天，看似东拉西扯，漫无边际，其实相互补充见闻，既可以消磨时光，又可以开阔眼界。

名人们也爱"侃"，往往一"侃"就会点着思想的火花，渐渐酝酿出新的见解。鲁迅的《门外文谈》最初就是炎炎夏日的夜晚在"门外"同几位邻居"对侃"后写出来的。爱因斯坦的一些重要科学观点，据说是同朋友在瑞士伯尔尼"奥林比亚"咖啡馆聚会时，一边吃着简单的晚餐，一边无拘无束地"对侃"，然后再经过深入思考提出来的。

我们每个人，从牙牙学语开始，一生要说无数句话。即便是一个哑巴，也会用手语和表情来表达自己的思想。如此多的人，说如此多的话，必然异彩纷呈、千姿百态。让我们走进人群，只要稍加留意，就可以大有收获。

说话必须讲究艺术性，古人对此早有明训。孔子在《论语·季氏篇》里说："言未及之而言谓之躁，言及之而不言谓之隐，不见颜色而言谓之瞽。"这句话的意思是说：不该说话的时候说了，这叫作急躁；应该说话的时候却不说，这叫作隐瞒；不看对方脸色变化便贸然开口，这叫睁着眼睛说瞎话。

说话是人们相互沟通的最主要的方式，语言是最主要的人际沟通工具，而且语言本身也是个性的表现。一个人的魅力很大程度是通过语言体现出来的：柔声细语能让人感受到春天般的温馨和舒适，让你赢得大家的认同和好感；而恶言恶语只能让人感受到冬天般的冷酷和无情，使你成为令人讨厌的人。所以，一个人恰到好处地应用语言和他人交谈，并让他人认为听你说话是一种享受，那么可以说，你说话时运用语言的能力已经达到了语言艺术的境界，这一点是你迈向成功的关键。

有位营业员，接待一位年近花甲的老大娘。老大娘选好了两把牙刷，由于营业员忙着又去接待另一位顾客，老大娘道声谢后就抬脚走了。这时营业员才想到钱还没收。

营业员一看,大娘离柜台不远,便略提高声音,十分亲切地说:"大娘——你看——"

老大娘以为什么东西忘在柜台上了,便走过来,营业员举着手里的包装纸,说:"大娘,真对不起,您看,我忘记把您的牙刷给包上了,让您这么拿着,容易落上灰尘,多不卫生呀,这是入口的东西。"

说着,营业员接过大娘的牙刷熟练地包装起来,边包边说:"大娘,这牙刷,每支一元,两支共两元。"

"呀,你看看,我忘记给钱了,真对不起!"

"大娘,我妈也有您这么大年纪了,她也什么都好忘!"

看,这个营业员用了一个聪明的方法,很自然地把大娘请了回来,又很自然地把话引到牙刷的价格上,这样一点拨,大娘也就马上意识到了。

整个谈话中,这位营业员没用一个发难的词,没有一句说及钱未付,启发得十分自然,引导得十分巧妙。如果他不是使用"迂回术",而是对着刚离开柜台的大娘喊一声:"哎,您还没付钱呢!"这样做也未尝不可并且省力多了,但是,对方会十分难堪。而使顾客难堪,对做生意是不利的。

对一个掌握语言艺术的人来说,仅仅学会完美地表达自己的思想还是不够的。更重要的是,他需要学会与别人交流,并且通过交流来表达自己的目的——这种目的可能是希望对方要你的货,可能是希望对方对你目前的处境表示理解与同情,可能是要对方同意你的看法,也可能是希望对方提升你的职位。但无论这些目的能否达到,你都要注意一些更为一般的原则。

用最简单的话来说,这种一般的原则是:在谈话过程中要尊重别人——从他的人格到判断力与智慧,不要引起对方的不快,哪怕是轻微的不满,更不用说怨恨了;无论这次谈话的目的是否达到,都要给对方留下一个良好的印象,这是语言艺术的一个重要因素。

女人长得漂亮，不如说得漂亮

　　一个女人长得漂亮，不如说得漂亮。谈吐能体现一个人的风度、气质，对于女人来说，良好的谈吐也是展现女性美的重要部分。谈吐不仅指言谈的内容，而且包括言谈的方式、姿态、表情、速度、声调等。女人文雅的谈吐是学问、修养、聪明、才智的流露，是魅力的来源之一。与人交谈，既有思想的交流，又有感情上的沟通。任何语言贫乏、枯燥无味、粗俗浅薄的人，都会使人感到乏味甚至厌恶。如果女人谈吐优雅、知识丰富，又能用恰当、生动的表情、肢体语言和优美的声音来表达，将会达到意想不到的效果。

　　一个聪明的女人在慢慢接触社会的过程中，谈吐和修养是最能征服他人的。因为漂亮经不起岁月流逝，如果一个女孩腹内空空，即使貌若天仙，珠光宝气，在他人眼中也只不过是装饰用的"花瓶"而已。

　　果尔达·梅厄是一个善于鼓动人心、吸引听众的演说家。传记作家拉尔夫·马丁在书中评述梅厄能在演讲时让听众感动得流泪，她的政治对手，戴维·本·古里安听了她在英国的讲演后说："我被她的大胆言辞所震惊，她的话语惊世骇俗，她口若悬河、坚定不移、言辞犀利、一针见血、有胆有识。"

　　玛格丽特·撒切尔在与人辩论和当众讲演时也有类似口才，她旁征博引，能深入浅出地表述出一种哲学性知识。撒切尔面对交锋决不退缩的精神，使她在国会中得到许多男士的支持，她以绝不屈服的斗争姿态进行争论。因而，撒切尔和果尔达·

梅厄能被她们的政敌和朋友称为强硬的不妥协者,她们是意志坚强、口才极佳的女性。借助口才天赋达到了政界的顶峰。

俗话说:"良言一句三冬暖,恶语伤人六月寒。"同样是说话,有文雅、粗俗之分,恭敬有礼的话温暖人心,刻薄粗俗的话令人不悦。

一个女人说话是要讲技巧和分寸的。她所说的话是否有魅力,直接影响到她是否具有吸引力,也关系到她是否具有良好的人际关系。

因为,口才是决定一个人生活及事业优劣成败的最重要因素之一。曾有一位心理学家说过:"在造就一个有教养的人的教育中,有一种训练是必不可少的,那就是优美而文雅的谈吐。谈话的精粗、优劣很能反映出一个女人的文化修养和道德水平,并对他人产生不同的心理效应,这是每个女人都不容忽视的。"

一个真正谈吐不凡的女人,是善于引导话题的,她就像一个领舞者,提出交谈的话题,却把发言权交给对方,并且在适当的时候能转移话题,使内容有所节制。

要知道,出言谨慎胜于雄辩,用得体的语言同他人交谈,比措辞优美和条理清晰更为重要。有句话叫作"言多必失",说的话多了,自然犯错误的可能性也就大了。所以,应该力戒喋喋不休,要多动脑少动口,对于事情的考虑自然就更周全,说出来的话自然也就更加有分量了。

在日常生活中,我们不可避免地会与人有些意见和想法上的分歧。也许,你会比其他人的见解更独到,想法更好。但是,聪明的女人知道在争辩中没有必要总是做赢家,因为她们知道,人都是好面子的,争论中占了上风并不代表自己就真的比别人强,而且并不能给自己带来任何实质性的帮助。

谈吐自如是一种风度,笑对群儒是一种境界,巧舌如簧是一种能力。女人的内涵需要通过谈吐才能体现出来。因为你的才干可以从谈吐之间充分地表露出来,从而使别人更加深刻地了解你，并且因此而产生对你的好感、信任感。

　　总之，一个拥有好口才的女人必须要同外界接触，了解社会、了解社会中的人，知己知彼，提高自身的社会实践能力。为达到良好的交往效果，必须重视说话能力的培养，在生活实践中不断总结、提高自己的语言交流艺术，这是你迈向友谊之门必不可少的一步。所以，女人一定要有好口才。

第二章
会说话的女人情场上如鱼得水

爱,就需要我们打开心扉,让它自由地流淌。爱,就要让对方能够看得见、听得到、感受得到。爱,就要大声地说出来,无论你是甜言蜜语地说,还是在"斗嘴",或者是用"废话"来表达,都要勇于说出来。聪明的女人要尝试着说出心中的那份爱,尝试让对方感受到自己的爱,这比一味地行动更有效果。

多说不如巧说

一天,墨子的弟子问他:"老师,人是说话多好还是说话少好呢?"墨子沉吟片刻后说:"话不在多少,而在于恰当。田间的青蛙每天都叫个不停,但是人们都不去理睬,而雄鸡每天只是啼鸣两三声,人们就应声而起。"

其实,说话达到目的就好,并不在于说话多少,而在于说话的质量。比如,在演讲的时候,有的人长篇大论,滔滔不绝,自我感觉良好,在浪费听众宝贵时间的同时,只提供给听众有限的信息,甚至让人厌烦;而有的人把自己的意思浓缩成一句话,犹如一颗沉甸甸的石子,能在听众平静的心湖里激起层层波浪,让人敬佩。

美国前总统艾森豪威尔在哥伦比亚大学任校长时,经常参加宴会,并发表演说。

一次宴会上,他的演说被排到最后一个,前面的人都长篇大论,轮到他发言时,时间已所剩不多了。他于是站起来首先提醒听众,每个演讲不管什么形式都应有标点符号。然后他正式开讲:"今天晚上,我就是标点符号中的句号。"随即便坐了下去。听众先是愣了一下,然后很快就反应过来,并立即报以热烈的掌声。

总的来说,男人是理性的动物,他们的脑子就像经过了梳理一样常常是有着本能的清晰思维,所以,与男人相处的时候就要掌握与男人说话的技巧。

恰到好处地运用"谢谢"这个词,会使你产生意想不到的魅力。但你说"谢"字时必须是诚心诚意的,并要让听者感觉到这一点,千万不要虚假客套。

上篇　会说话的女人以智慧铸就魅力

　　与男人谈话要使双方都感到愉悦,这样的谈话才有可能很好地继续下去。所以与男人说话的时候要尽可能赞美他人的优点,多谈愉快的事情。赞美和鼓励会使男人对你满怀好感和谢意。当然,吹捧和奉承是会令人反感的。

　　讲究策略、艺术地表达不同意见。千万不要认为只有自己最伟大、最高明,当然也不要心里有意见也不说或人云亦云。要诚恳地表达自己的看法,同时又不得罪人,这就要求你说话要温和委婉,尽量不要触怒对方,要给对方足够的面子,同时也让他明白你的想法。

　　善于了解对方的情感。只有在了解了对方的心理和情感的基础上,才有可能正确地选择该讲什么、不该讲什么,使对方与你产生共鸣,使说话的气氛变得轻松愉快。因此,我们在同别人谈话时,要根据对方的心理及时调整自己的心理和情感,注意自己的神态举止和措词,让别人乐于听你讲话。

　　虚心地听别人讲话,不光是听语言,还要听语调。一个会说话的人往往也是一个高明的听众,善于倾听对方才会愿意把你当作知心朋友,愿意向你吐露心扉。而一个自高自大、目中无人的人,是不会受到欢迎的。

　　善用身体语言。你的表情、手势甚至无意中的动作,都会对别人产生作用,你要注意这一点并加以适当运用。

　　措辞尽量简洁明了。不要讲让人难懂的词,不要滥用术语,不要说自己也不懂的话,同样的言辞不可用得太频繁,不要乱用流行语和口头禅,不要讲粗俗的话。你要尽量使用适合对方的话,尽量使用能使对方感觉轻松愉悦的话,尽量简明扼要地表达自己的意思。如果你在说话时能措辞简洁、生动又贴切,那么你就会成为一位说话好手、交际明星。

　　不要过分自夸。爱自我夸耀的人是找不到真正的朋友的。赞美的话,若出自别人的口,那才有价值。如果自己说过头了,别人会看不上你的。而且一般来说,人们总是对自己所经历的事情感兴趣,对与己无关的事不会太关心,因此在与别人交谈时,尽量少谈自己,不要喋喋不休地夸耀自己的工作、生活、孩子等,除非双方都感兴趣,否则还是谈点别的话题为妙。开玩笑不要过头,要适可而止。不是说相熟的朋友在一起不可以开玩笑,而是说在开玩笑前要注意你所选择的人是否能接受得起你所开的玩笑。你要知道,男女相处自有许多不便之处,如果开玩笑不慎,反而会使对方以为你轻浮、不知分寸。

用"废话"温暖爱情

夫妻之间适度地说些多余的"废话",哄哄对方,不是为了骗取对方的感情,而是对对方的体贴。其实,人与人的交谈中总带一些无关紧要的话:陌生人见面有礼节性的客套,客人见面要寒暄一番,批判性的话常常用委婉的说法表达出来……这些看来无关紧要的"废话"却是人际交往中不可或缺的工具。

妻子回到家,刚推开门,丈夫劈头就问:"怎么这么晚才回来?"而妻子也许遇上了不顺心的事,已经是急匆匆地赶回家,一听这话就更火了:"我晚些回来关你什么事?管头管脚,你样样都要管?"丈夫也火了:"我问错了?我问你怎么这么晚才回来,又有什么不对?"

的确,单单把丈夫说的话写出来分析,是没有什么不对的,他要了解一下妻子晚回来的原因,其中包含着关心的意思。那么,问题出在哪里呢?让我们来看看无关紧要的"废话",结果会是怎样?

丈夫说:"乐乐,你回来了!今天好像晚了点……"其实,你别问下去,妻子就会说明晚归的原因了。同样询问晚归的原因,加了几句多余的话,却让人感到无比的亲切和体贴。

同样,如果丈夫那句直率的问话已经出口了,妻子在回答时注意加上一句无关紧要的"废话",比如说:"你瞧,我这不是回来了?"或者"真对不起,让你等急了吧?"这样,两个人也不至于吵起来,即使妻子不忙解释原因,丈夫焦急和不耐烦的心情也能缓解了。

对于这种近乎婆婆妈妈的事,做丈夫的往往很不在意。比如,丈夫马上要上班,温柔细心的妻子反复叮咛:"中午饭后别忘了吃药","下午天要冷的,带件衣服走吧。"丈夫不耐烦地说:"你有完没完?年纪还不大就这么唠唠叨叨的。"试问,妻子这时会怎样想?妻子自然会感到伤心和委屈。

再如,丈夫回到家里,把该买的买回来了,该做的做了。妻子问什么他答什么,一言两语、干净利落。可是,妻子总觉得还缺少点什么,同姐妹们唠家常时,不无埋怨地说:"我那口子老实得像块木头,三拳头打不出句话。"原来,妻子内心在期待着丈夫除了讲这些最"实用"的话之外,还渴望加一些温存的"废话"。

这些似乎无关紧要的"废话",用专业术语来说,叫作"冗余度"。

在恋爱的时候,人们需要许许多多这类冗余的话。一言一语,一举一动都充满着只有对方才能体会到的情意。可是,在婚后夫妻交往中,对这种冗余度的要求减少了,从个人的感觉来说,既然已经成为夫妻,再说那些"年轻人"火热的话似乎有一点不好意思。夫妻之间事务性的"正经话"越来越多,含情脉脉的"没用话"则越来越少。时间一长,对方都会感到失去了什么,逐渐产生"家庭是爱情的坟墓"的感觉。

时刻注意人们从恋爱到结婚乃至家庭生活的不同阶段中对语言交往冗余度要求的变化,有助于夫妻间保持亲密和谐的关系。

巧用"斗嘴"增进感情

夫妻之间常常斗嘴,这里的斗嘴,不是吵架,也不是口角,而是一种十分独特、有趣的语言游戏。现在的许多青年恋人中,尤其是有较高文化素养的情侣们中间,有很多人会玩这种碰碰车式的"斗嘴"游戏。玩过碰碰车的人都知道,那乐趣全在于东碰西撞、你攻我守。这种游戏的新鲜与刺激绝非四平八稳地行车能比的。恋爱阶段的斗嘴,是一道味道独特的"爱的大餐"。

《红楼梦》第十九回写宝玉到黛玉房里,见她睡在那里,就去推她,黛玉说:"你且别处去闹会子再来。"宝玉推她道:"我往哪里去呢?见了别人怪腻的。"黛玉听了,嗤的一声笑道:"你既要在这里,那边去老老实实地坐着,咱们说话儿。"宝玉道:"我也歪着。"黛玉道:"你就歪着。"宝玉道:"没有枕头,咱们在一个枕头上。"黛玉道:"放屁!外头不是枕头?拿一个来枕着。"宝玉看了一眼,回来笑道:"那个我不要,也不知是哪个脏婆子的。"黛玉听了,睁开眼,起身笑道:"你真是我命中的'天魔星'!请枕这一个。"她把自己的枕头让给宝玉,自己又拿一个枕着。

这一段"斗嘴",就为"抢"一个枕头,事很小,语言也都是很普通的日常口语,而且黛玉骂得毫不客气,要在一般关系的男女之间,这一句话就会伤了和气。但在恋人之间,打是亲、骂是爱,斗嘴只是示爱的一种活泼而随意的方式,所以宝玉和黛玉都没有因斗嘴而斗气,相反却越斗越亲密。

斗嘴不仅仅是一种语言游戏。有时它还是消除恋人间摩擦的一种别致而有效的方式。比如你和女朋友出外旅游,很不顺利,不是走错路线,就是耽误了食宿,这时候女友就会噘起小嘴抱怨:"哎呀,怎么跟你在一起就老是碰到倒霉的事呢?"面对指责,你可不能跟她动气:"嫌我不好,你另找别人!"这样谁都不好看,还会伤了感情。你不妨跟她斗斗嘴:

——对啦,我们就是夫妻命嘛!

——什么叫夫妻命?夫妻就该倒霉吗?

——夫妻就是要共患难呀!想想看,要不是有你在身边,我一个人哪里应付得了这些?

相信她听到这些话,气自然会消的。既然斗嘴是一种有趣的语言游戏,那么它和别的游戏一样,也有一定的"规则",需要恋人们特别注意。

1. 要留心对方的心境

斗嘴因为是唇枪舌剑的交锋,就需要有一个宽松的环境,只有在心情非常好的情况下,才能享受它的快乐。因此斗嘴时要特别注意恋人当时的心境。大家都有这样的体验,心情愉快时,可以随便耍嘴皮、开玩笑。可如果你的恋人正在为烦心事而愁眉不展时,你却随便开起对方的玩笑,对方准会不耐烦地说你一通,让你难以下台。这时的斗嘴,周围的气氛往往会充满火药味,你原本不错的心情也会受到感染,变得恶劣起来,以致闹得不欢而散。

2. 最好不要刺伤对方的自尊

恋人间斗嘴,最爱用谐谑的话语来揶揄对方,往往免不了夸张与丑化。但是这种夸张与丑化,也要照顾到对方的自尊,决不能侮辱对方的人格,更不能讥笑对方天生的缺陷或中伤对方敬重的亲友,也不要挖苦对方自以为神圣的人和事,否则就有可能自讨没趣,弄得不欢而散。请看下例:

——你说,你最崇拜谁?

——我最崇拜我爸爸,他是个真正的男子汉。什么伟人、英雄,他们都离我太远。

——那你认为你爸爸就是你心中的上帝?

——那当然,你不服气?

——你这个上帝只不过是个修鞋的,有什么了不起?

——好啊,你看不起我,我,我今天算把你看透了……

这样的斗嘴就得不偿失了。

3. 要把握好感情的深浅

谈话有一个总的原则:"浅交不可深言。"这话同样适用于恋爱中。如果双方还处在相互试探、感情朦胧的阶段,要想以斗嘴来加深了解,可以选择一些不涉及双方感情或个人色彩的一般话题,如争一争是住在大城市好还是隐居山林好,斗一斗是左撇子聪明还是"右撇子"聪明等,这样双方可以不受拘束,"安全系数"也大。如果已是情深意笃,彼此对对方的性格特点都比较了解,斗嘴就可以嬉笑怒骂,百无禁忌。

甜言蜜语让爱情升温

爱情是一个美好的词语,爱情的意义就在于能让爱人感受幸福快乐,然后让自己也同样感受幸福快乐。因为心中有爱,我们会更加努力地追求幸福;因为心中有爱,我们会思念远方的亲朋;因为心中有爱,我们会更加珍惜现在的生活;因为心中有爱,我们更加珍惜家人之间的感情。

有一对夫妇结婚近60年了。每当家里吃鸡的时候,妻子总是把鸡头夹到丈夫碗里。因为那是她最喜欢吃的。但是,丈夫却并不这样认为,因为丈夫最喜欢吃鸡爪,而每次妻子总是把那块"最好的"夹在自己碗里。

有一次,丈夫终于忍无可忍,厉声吼道:"快60年了,为什么

上篇　会说话的女人以智慧铸就魅力

每次吃鸡的时候,你都要把鸡头给我,你自己怎么不吃?"妻子吃惊地看着平日温和的丈夫,惊呆了,许久之后才小声说道:"我以为那块是最好的,我一直喜欢吃鸡头的,于是就给了你。"丈夫听完妻子的话,眼泪流满了脸庞。快60年了,妻子一直把自己认为最好的留给丈夫,却从来不说出来,以至于两个人误会了对方将近60年。如果爱对方,为什么不用甜言蜜语说出来呢?如果故事中的妻子说一次:"我最喜欢吃鸡头了,但是,我爱你,所以我留给你吃。"这样的话,就不会有那么多年的误解了。

爱,就需要打开心扉,让它自由地流淌,让对方能够看得见、听得到、感受得到。尝试着说出心中的那份爱,尝试让对方感受到自己的爱,这比一味地行动更有效果。

法国物理学家居里夫人过生日时,丈夫彼埃尔用一年的积蓄买了一件名贵的大衣,作为生日礼物送给爱妻。当她看到丈夫手中的大衣时,爱怨交集,她既要感激丈夫对自己的爱,又要婉言说明不该买那么贵重的礼物,因为那时实验正缺钱。于是她便对丈夫说:"亲爱的,谢谢你,这件大衣确实谁见了都会喜欢的,但是我要说,幸福是内涵的。比如说,你送我一束鲜花祝贺生日。对我们来说就好得多。只要我们永远在一起生活、奋斗,这比你送我任何贵重物品都要珍贵。"居里夫人这份深情话语,使得彼埃尔感受到了爱的温馨。

夫妻之间直抒爱意并不多余,它可以让我们平淡的婚姻生活激起朵朵浪花。但现实生活中却有很多女人忽略了这一点,结果使婚后的生活平淡如水。

路易丝·梅·奥尔科特有一部小说《小妇人》,小说虽没有跌宕起伏的情节,没有引人入胜的悬念,但作者笔下描写的马奇家的天伦之乐却深深地感动了读者。这也许就是来自生活真实的魅力吧。

小说中的家庭成员身上体现出来的是对家庭的眷恋,对爱的忠诚和对亲情的渴望,揭示了生活的真谛,也让我们体验到生活中的真善美。家庭是这四姐妹的成长之地,也是她们神圣的避难所。她们就像是一叶小帆,从这里驶向大海,在历经狂风暴雨的磨难后,并且感到身心疲惫时,家又成了她们温馨的港湾。小说中那一幅幅温馨动人的家庭生活图景,那四姐妹的成长故事,都试图在告诉我们家是人们快乐的源泉,也能够让人们和平相处、相爱互助。

我们爱我们的家,爱我们的儿女,爱我们亲爱的他。每个人都希望自己能有一个和睦的家庭,能够与家人幸福地生活在一起。然而,有许多人爱在身边却不知晓,是不是也像下面故事的主人公一样,彼此心中有爱,只是没有说出来。

一对中年夫妻,每天工作非常忙,平时交流的机会也少之又少。如果能在晚上下班或周末休息时,谈论一些情爱话题。共同欣赏电视节目时,每当他们看到电视剧中男女的恋爱情节时,总会共同诉说他们以前的愉快经历,以此来加深夫妻间的感情。

夫妻间的"甜言蜜语",实际上就是充满感情的言语交流。综观许多关系冷漠的夫妻,他们的共同之处就是相互间语言太苍白、太没人情味了,以致情感冷默,甚至走到家庭破裂边缘。所以,甜言蜜语对于夫妻双方比恋爱时节的谈情说爱更为重要。它会让爱情更加牢固,也会让爱情永远不老;当自己因故晚归,丈夫把一碗热腾腾的面条端到自己的面前时,这时你应该及时地说上一句:真香啊,一点也不比饭店差!当你的丈夫把家里收拾得干干净净时,你应该及时地说一声:你要工作,还要照顾家,真是太辛苦了!当粗心的丈夫偶尔做道菜还忘了放盐,你应包容地说:重要的是做熟了菜,有吃的就行……其实,生活中表达爱意真的很简单。

在这个世界上,我们都是因爱而来,几十年的时间,都在爱的感召下,生活工作。如果说我们的生活出现偏差,如果说我们的家庭出现危机,那么,让我们扪心自问:"你有没有丢失心中的那份爱?"有没有时常对我们爱的人说声:"我爱你!"

第三章
会说话的女人交际中圆融通达

　　一个女人的讲话水平和风度,可以判断其学识、修养能力。因为口才不光是嘴上之才,更是一个人心理素质、文化素质,甚至综合素质的体现。在当今社会,好口才已经成为女人们生活中不可缺少的技能。拥有好口才,就像拥有了成功的砝码,使女人在交际中圆融通达。所以,好口才成为许多女人孜孜不倦的追求。

不要轻易说"随便"

一个女人不能轻易说"随便",因为"随便",虽然说起来很随便,但有时候别人听起来却并不顺耳。

是的,你是一个比较随便的人,在点菜的时候,别人点什么吃什么;在和朋友商量究竟去哪里休闲的时候,你会很轻松地说"随便"。其实,你的随便并没有给别人轻松的感觉,反而让别人琢磨不透你究竟喜欢吃什么菜,究竟想去哪里玩。

情景一:自我牺牲,对方紧张

你和男朋友吵架之后,很久没有去他家里了。现在他终于向你认错,你也原谅了他,他的父母非常开心,亲自打电话来请你去吃饭,还问你想吃什么。你想也不想地说:"随便!"后来,男朋友告诉你,因为你的一句"随便",未来的公婆紧张了好半天!

很多时候,我们想用"随便"来表示客气和尊重,结果却在无形中加重了对方的心理负担。为了不至于拍错马屁,听的人开始不断猜测我们到底怎么想,而我们自己,则在被猜测中享受着类似自我牺牲的快感。倘若这种"牺牲"没有引起对方足够重视,我们就开始愤愤不平地委屈起来,直到关系出现问题。

换个词说说:不说随便,说"喜欢"——当对方真心诚意地想为你付出时,坦率而大方地告诉对方你喜欢他为你做什么,这才是真正的尊重。而人际关系,也将在需要和被需要、肯定与被肯定中健康愉快地发展下去。

情景二:胡乱放弃,夸大不快

部门开会,讨论一个重要方案,在大家纷纷举手通过之后,你提出了相反的意见,因为你觉得这个方案有漏洞。所有的人都对你侧目,因为你的反对会让大家功亏一篑。僵持了一段时间后,你终于说:"那随便大家吧!"

人际交往之中,难免有冲突或者意见相左的时候。当我们实在势单力薄、无法扭转局面时,其实,放弃不是唯一的选择。换一种方式表达,会让我们拥有更多主动性。

换个词说说:不说随便,说"保留"——我们可以保留自己的意见,同时给别人一个认识问题、认识错误的机会。保留意见意味着我们对事情负责,"随便"则有逃避责任之嫌;保留意见意味着我们并不否定自己,"随便"则常常扩大负面情绪。两相对比,自然还是"保留"的好。

情景三:敷衍应付,伤害关爱

"女大当嫁",从你25岁生日那天,母亲就开始紧张起你的婚事,不断托人给你介绍男朋友。忙得不可开交的你根本无心恋爱,但又害怕伤着母亲,于是每次都说:"随便,随便,您安排吧!"

不忍心伤害,却又在一次次地伤害,因为谁都看得出来"随便"其实是敷衍和应付的遮阳伞。长期被自己关爱的人这样"随便"地对待,最后不心灰意冷才怪。

换个词说说:不说随便,说"且慢"——真诚地告诉对方:谢谢你为我做的一切,不过,且慢一点儿,我还没有准备好如何接受你的安排,你愿意再给我一点儿时间考虑考虑吗?

情景四:乱发脾气,摧残人脉

你因为被老板批评过自由散漫而很不开心,搭档阿元看在眼里,主动凑上前来跟你搭讪。他说:"哎!愉快点儿,否则我可要换一个伴喽!"你"啪"的把文件夹摔在工作台上,大吼:"随你的便!"

人在遭受挫折的时候,容易向亲近的人转移不满,同时会出现言语和行为上的"退行"——变得像一个孩子似的任性刁蛮、不负责任。而无论多么牢固的人际关系，都可能会在这种"随便"的反复摧残下出现问题。

换个词说说：不说随便，说"难过"——告诉对方：你这么说我很难过，我现在更需要你来安慰我/鼓励我/爱我/肯定我……当你学会这样的表达，你会发现，其实我们想要的东西就在我们的嘴里——清楚地说出来，我们的爱情、友情、亲情才不会因为情绪的泛滥而恶化。不轻易说"随便"的女人才是最聪明的女人。

做好公共演讲的准备

在公共场所演讲一定要做好准备，这样才能有好的表现。

演讲的前一晚睡眠充足，使喉咙获得良好的休息。

穿着合宜得体的服装。如果你心中一直挂念着穿着是否过度考究，或太简便、草率，就无法从容地思考准备要说的话。

在演讲前，如果有机会与观众打成一片，应该把握住。你不妨与他们握握手，告诉观众你期望与他们交谈，表达你希望"留给他们一些美好的回忆"。当你与他们接触时，声音要热情，表现出你的友善。在每次开讲之前，说几句轻松的话，如此一来，现场的气氛马上会被带动起来。

心理上、情绪上和精神上都必须放松，以克服不安。预先假设可能会发生的事，不过不要心存恐惧。要告诉自己，你一定能够处理，保持平稳。

注意姿势。在演讲台上，要轻松自在地站好，可别像一个破布娃娃般地瘫在那里；当然，也不要木头一样地僵立着。

最应该注意的当然是演讲内容。在做引言时，应该先将重点主题陈述出来，然后在正文中，将主题一一剖析，并且赋予新的观点。试着多用一些丰富的语汇，可能的话，最好掺入一点幽默的字眼（千万不能使你的听众觉得无聊）。注意强调重点，戏剧性地把它们说出来，随后降低声音，再安静下来。

准备周全的题材。如果你做过充分的练习，就能切题地把重点表达出来，你的陈述也会进行得越顺利，也就不需花太多时间去看提示。你可以试着在镜子前练习，打起精神振奋镜里的听众——你自己。

演讲前不要进食。乳制品尤其禁止，因为它可能使你的喉咙充满黏液。

演讲前做好心理调试。对自己说：你很棒！题材一流，又是个真正的雄辩家，没有人能比你陈述得更实际。

放轻松。如果你正在舞台内部等待出场，这时候要减缓呼吸，做几次张大嘴巴的动作（这可以松弛腭部，放松紧张的情绪）。你的下腭将会很舒服，而且变得柔韧。

要开始说话时，记住保持微笑地环视所有听众，然后做一下深呼吸。此时，虽然你什么也还没有说，但是听众会认为，你知道某些他们也想知道的快乐的事。

头几句话要轻松一点，引领听众不由得发笑。

演讲的时候，必须一直环视全场，注视着在场的每一个人。然后，在人群中找一两张友善快乐的脸，经常回过眼来看着他们，这会令你觉得自己很受重视。

仔细聆听透过麦克风所传来的自己的声音，以确定自己的嘴巴是要靠麦克风近一点，还是远一些。

记得多用一些肢体语言，借此帮助你吸引听众的注意。例如：

持续强调话题的重点时，你手的动作，可以使你成为一个很有力量的说服者。但是不要把手到处挥来摆去,像一只受惊的鸟,乱拍动翅膀,你的听众可能因此感到不安。

如果你戴眼镜,注意别拿上拿下,或者勾在手指间摆来荡去的,因为这样到最后会使听众变得神经质。

如果你的手有其他令人焦虑的习惯,例如玩发辫,或者更糟的,一有头发滑下,立即把它们拨到耳后去,这都应该克制一下。

当在演讲厅的后台等待时,让双手垂在身体两侧,然后轻快地甩甩手腕。就像游泳选手一样。这种运动可以使你的手不会紧绷,事实上,它可以使你的全身放轻松。

记住要站挺,手不要抓着演讲台,身体也不要整个靠在演讲台上,仿佛把它当成拐杖工具似的;如果你比演讲台高出许多,千万不要驼着背靠在上面,因为你的臂部会像鲸鱼似的翘起来,这种姿势很不雅。

经常面露微笑。你的脸上如果经常露出笑容,那么在你为出丑而自我解嘲时,你的听众就会显得轻松自在。

确定所有设备都已做过检查。如此,你就不用担心投射灯临时失去作用,旋转盘不能动弹,或者其他视听器材出故障。如果你的周边器材有问题,在设备尚未修复前,要让你的听众保持高亢情绪,说笑话给他们听,如"你们有谁听过……的故事?""有谁想用别人听不懂的外语学一些坏话?"等等。

掌握交际中的沉默术

我们在交际中需要高谈阔论,畅所欲言,以传其情,达其意,抒其志,明其识,以起沟通、交流之效,从而协调、融洽与交际圈的关系。但多说并非一概有益,有时甚至对交际有害。此时交际者保持沉默,待机而动。恰能收到理想的交际效果。因此,学会交际中的沉默术,是我们学习交际不可缺少的内容。

在交际的哪些情况下应采取沉默方式呢?

1. 在有理说不清时

有时我们有这样的苦恼,有理但说不清。有理当然急于表白、陈明,以让真相公诸于众,以维护正义,主持公道,让自己得到认可,避免自己被人误解,也让自己免受压抑,保持自己心情舒畅。但你面对的恰是些不明事理的人,或有意不买你账的人,这时你说得再多再透,要么是对牛弹琴,要么让对方愈加得意。如果你干脆沉默不语,反有震动之效。不明事理的人会有所省悟,不买你账的人,不再敢轻视你。

有两位大学同学,毕业时相约要在未来工作中搞出名堂,争个高低。几年后两人均取得令人振奋的成绩,但甲遭嫉妒受压抑,乙则受到肯定,得到重用。两人聚在一起,叙情谈心时,甲颇有感慨,说自己尽管据理力争,却毫无效果,反让不明实情的人觉得自己狂妄,让明实情的人更加沉默。乙对甲说,你不要争论不休,别人不会把你当傻瓜待。这样不仅显示了你的修养,还会让对方产生负疚感。如此,也会逐渐把你应得到的送给你。乙的话可算道中了实质,也是他的经验之谈,您或许会从中有所启迪。

2. 在别人激愤时

有些人发表意见,阐述见解时情绪激昂,言辞激烈。这有两种情形:一是他的谈话确系真知灼见,颇似皇皇大论。二是他的谈话其实偏激谬误颇多,并无过人之处。但不管哪种情形,在他激愤时肯定有一言抵三军的良好感觉。此时你要发表意见,他肯定会充耳不闻,或者言语相加,竭力辩驳。你是陋见、误识自不待言,你是明见良识,他也决难理会。此时你自当沉默,待他熄火平静下来,尽可与他心平气和推心置腹地交换意见,商讨定夺。

3. 在专横的人面前

专横的人最渴望别人尊重他的态度、认识、意见,以自己说了算为个性特征,听不进别人的见解,哪怕是高见,容不得别人出头露面。对这样的人,你说得再透彻、精辟、精彩,他也不买你的账,甚至招致他的满心厌烦,心怀嫉恨。在这样的人面前,最好是保持沉默,任他声嘶力竭、口沫飞扬,你低头不语。你这种以柔克刚的方法,会让他泄气下来,冷静起来,对方的无理骄横之词不仅无法兜售,你还可乘隙略陈己见,常有反客为主之效。

有些地位、身份较特殊的人,在他们的言谈中表现的与其他地位、身份相应的某些专横味道,对他们保持积极的沉默也是必要的。如上级意见、长辈训话等。恋人之间,女青年常有耍泼弄娇之举,对她的"强词夺理"保持沉默,也是现实的态度。

4. 在陷入意见孤立时

当一个人经过深思熟虑后,形成了自己的意见,总希望把它传达出去,让别人了解它、接受它。但一个群体中各人意见不同,可谓异彩纷呈,你的意见未必能为大多数接受。若是大多数人欢迎的,那么你可以尽情发挥,完全有这个条件和环境。若你的意见与大多数人的意见相抵触,正确也好,错误也好,深刻也好,肤浅也好,你都会遭到大家的反对和排斥,你再坚持说下去已毫无意义,此时你不如沉默不说。你的意见充满谬误,颇为肤浅,本无须多说。你的意见是真知灼见,说了也没用,待时过境迁,真理自然明朗,你的意见迟早会被人认识和接受。

交际中的沉默也是一种艺术,艺术是要求分寸和火候的,不可滥用无度,诚如黑格尔所言:"一切人世间的事物,皆有一定的尺度,超越这尺度,就会招致沉沦和毁灭。"所以如何把握好交际中的沉默也是大有讲究的,第一,要切合交际需要,沉默表面上是消极的交际行为,其实是以退为进的积极的交际行为。沉默不是逃避、忍让,而是一种策略,目的在于更有效地促进交际。第二,要把握好沉默的时机。什么时候该沉默,什么时候不该沉默,这是很有讲究的。沉默适时恰当,就会产生交际效果,否则无法产生应有效果。比如在意见孤立时,你可先陈说后沉默,在别人激愤时你最好一句别沾,免得对方就此发挥没完没了。第三,要注意把握沉默的时间。积极的沉默不是永久性的,只是暂时性的。根据交际的需要,它会见好就收,该长则长,该短则短。第四,要与发言、举措等积极的交际行为结合起来。沉默从某种意义上说,应是一种准备和酝酿,是等待时机之举。应把它理解为一种手段,真正目的还是为了把你的所想发表出来实施出来。如果你的认识和意见有某些疏失和不足,也可得到一个检测、反省的机会,从而得到补充、完善、修正。

在交际中需要有好口才,但适时的沉默也是很必要的。

不要打断别人说话

在与人交往中随便打断别人说话是十分不礼貌的,如果你的朋友在与几个他的朋友谈话的时候,你从外面走进来,见到他就说:"哇,我刚才在大街上看了一个大热闹……"接着就说开了。他和他的朋友的话题被打乱了,他只能遣散他的朋友,然后坐下来和你谈外面大街上发生的事情!你端庄的淑女形象也从此在他心目中不存在了。

当然,每个人都会有情不自禁地想表达自己的愿望,但如果不去了解别人的感受,不分场合与时机,就去打断别人说话或抢接别人的话头,这样会扰乱他们的思路,引起对方的不快,有时甚至会产生不必要的误会。

打断别人或乱插话的人，甚至比发言冗长者更令人生厌。要想让别人喜欢你、接纳你，就必须根除随意打断别人说话的陋习，在别人说话时千万不要插嘴。

不要打断别人的话头

在商务宴会上，你时常可以看到你的一个朋友和另外一个不认识的人聊得起劲，此时，你可能就会有加入进去的想法。

因为你不知道他们的话题是什么，而你突然加入，可能会令他们觉得不自然，也许因此话题接不下去。更糟的是，也许他们正在进行着一项重大的谈判，却由于你的加入使他们无法再集中思想而无意中失去了这笔交易；或许他们正在热烈讨论，苦苦思索解决一个难题，正当这个关键时刻，也许就由于你的插话，会导致对他们有利的解决办法告吹，到后来场面气氛就会转为尴尬，而无法收拾。

当你与上司交谈时，更不能随意打断他说话，否则他肯定不会给你好脸色看。上司安排工作的时候，他会作出各项说明，通常他的话只是说明经过，或许结论并不是你想的那样。中途插嘴表示意见，除了让人家认为你很轻率之外，也表示你蔑视上司。如果碰到性格暴躁的上司，恐怕就会大声地怒喝："闭嘴！听我把话说完！"

要获得好人缘，就必须做到：不要用不相关的话题打断别人说话；不要用无意义的评论打乱别人说话；不要抢着替别人说话；不要急于帮助别人讲完事情；不要为争论鸡毛蒜皮的事情而打断别人的话题。

但是，如果对方与你说话的时间明显拖得过长，他的话不再吸引人，甚至令人昏昏欲睡，他的话题越来越令人不快，甚至已经引起大家的厌恶，你就不得不中断对方的话了。这时，你也要考虑在哪一个段落中断为好，同时也应照顾到对方的感受，避免给对方留下不愉快的印象。

掌握高明的说话技巧

上篇 会说话的女人以智慧铸就魅力

虽然在别人讲话时插话是十分不礼貌的,但如果有必要表明你的意见,非要打断他的讲话,那么你就必须十分注意自己的说话技巧。

1. 当你要找交谈者中的某一个人处理事情时,可以先给他一些小的暗示,他一般会趁机和你说话。但要注意的是,你不要静悄悄地站在他的身旁,好像在偷听一样。你可以先向他们打个招呼:"很对不起,打断你们一下。"当他们停止交谈时,即用尽可能简洁的语言说明来意,一旦事情处理完毕,立即离开现场。

如果你想加入他们的谈话,则可以找个适当的机会,礼貌地说:"对不起,我可以加入你们的谈话吗?"或者,大方客气地打招呼,叫你的朋友互相介绍一下,就不会有生疏的感觉。

2. 交谈过程中,如果你想补充另一方的谈话,或者联想到与谈话有关的情况,想即刻作点儿说明,这时,可以对讲话者说:"我插一句",或者说"请允许我补充一点"。然后,说出自己的意见。这样的插话不宜过多,以免扰乱对方的思路,但适当有一点儿,可以活跃谈话的气氛。

3. 如果你不同意对方的看法,一般也不要打断他的谈话。但如果你们比较熟悉,或者问题特别重要,也可以先表示一下态度,待对方说完后再作详细阐述。但不管分歧多大,决不能恶语伤人或出言不逊。即使发生了争吵,也不要斥责、讥讽或辱骂对方,最后还要友好地握手告别。

第四章
会说话的女人工作上驰骋自如

在工作中要想既拉近与同事和上司的距离又巧妙化解敌意,并不是一件简单的事情,也并不是每个女人天生就会的,需要后天的努力练就。会说话是一门艺术,也是一种技巧,要瞬间拉近与他人的距离,打动他人的谈话更是需要技巧的。因此,女人们要掌控技巧,多加练习,修炼好口才你就能驰骋职场。

与上司争辩的原则

一个公司的员工与上司相处久了,谁没和他或她发生过争执呢?如能有效地把你与上司不同的看法表达出来,对你的工作和前途将产生深远的影响。

如果与你的上司进行争辩,请牢记以下几条原则:

1. 设身处地为上司着想

要想成功地与上司交往,了解他的奋斗目标和工作中的酸甜苦辣是极为重要的。假如你能把自己看作上司的搭档而不是对手,能设身处地地替他着想,那么,他也会自然而然地乐于帮你的忙。

一次,某电影公司一位程序设计员和他上司进行激烈的争辩。当时,为了某个软件的设计问题,双方僵持不下,谁也说服不了对方,旁边有人建议他们互换一下角色,以对方的立场再进行争辩。五分钟之后,他们便发现自己的行为有多么可笑,两个人都不禁大笑起来,接着,他们很快便找出了解决问题的办法。

2. 察言观色,瞄准时机

在向上司提出异议之前,先向上司的秘书打听一下上司的心情如何。如果他心情不佳,情绪消沉或愤怒,就趁早打消念头。

即使不求助于上司的秘书,你也可以找其他窍门,比如,向同事了解或者自己察言观色,见机行事。上司公务缠身,忙得团团转时,不要打扰他;午饭时间已到,他却仍在忙于公事,不要打扰他;休假前夕或度假刚返回,不要打扰他。

3. 心平气和,娓娓道来

心理学家史密斯是专门教人如何去争取增资晋级的。他这样说:"如果你气势汹汹,只会硬碰硬,使你的上司也跟着大发雷霆,于问题的解决没有丝毫益处,所以,首先要做到心平气和。"

此外,不要借机把你积累的不满一股脑儿全发泄出来。一家文具公司董事长说:"如果一个雇员看上去对公司的一切都消极不满,抱怨不休,那上司就会觉得,要叫这位雇员满意是难乎其难,甚至会进一步认为,这位雇员也许该另觅高就。"

4. 说清问题,亮明观点

如果有剧烈争执的发生,是由于上司和下属互相不明白对方心里在想些什么。有时,问题一旦讲明,争执也就自然消失。雇员必须把自己的观点讲得简单明了,以便上司能够理解。

克莱尔在纽约市财政局局长手下办事多年,很少与上司发生争执。但是,当认为重要的事情遭到局长否决时,她就把自己的观点写在纸条上,请上司考虑。后来,她说:"这种做法有助于说明问题,而且也很有效。"

5. 明白常识

你要牢记,无论如何,你的一切都操纵在上司手中。假如面红耳赤地辩论过火,形成僵局,也许会产生更坏的结果。因此,与上司辩论要聪明、识相一点,牢记于心,不打无准备、无把握之仗。

6. 提出建议,比仅提问题更能得到上司的认可

一般情况下,做上司的要考虑的事情很多,已经够他应付的了。因此,如果做下属的不能提出行之有效的解决办法,至少也应提出怎样处理问题的建议。千万不要只提问题,不提供一些建议。纽约大学医学中心的精神病学副教授诺曼这样警告职场中的办公人员:"那些在上司面前只知道提问题、挑毛病而不附加任何建议的人很快就会发现,他们常会受到上司秘书的阻

拦。"诺曼继续解释道:"尽管上司也许不能说出你的不是,但是他会发现,每次你去找他,他总会感到心情不快,久而久之,你就别想再进去见他了。"

工作中有些问题你不能与上司达成共识,有的时候不妨争辩一下,但是一定要把握好原则。

学会拒绝他人的技巧

很多人在工作中都经常遇到这样的问题:一位朋友突然开口,让你帮他做一件难度很高的事,答应下来吧,你自己的事可能就完不成;一口拒绝吧,碍于面子,又说不出口。

日本成功学大师多湖辉曾讲过这样一件事,在日本20世纪60年代末的学运中,某大学的教室里正在上课时,一群学运积极分子闯了进来,使上课的教授手足无措。当着班上学生的面,教授想显示一点宽容和善解人意的风度,就决定先听一下学生讲些什么之后再去说服他们。结果与他的善良想法完全相反,学生们乘势向他提出许许多多的问题,把课堂搅得一团糟,再也上不成课了。并且这之后只要他上课就有激进派的学生出现在课堂上,就这样日无宁日地持续了一年。

从这一教训中,教授悟到一条法则,即若无意接受对方,最好别想去说服他,对方一开口就应该阻止他:"你们这是妨碍教学,赶快从教室里出去,与课堂无关的事,让我们课后再说。"假如再发生一次同样的事,教授能否应付呢?就算他显示出了拒绝的态度,学生也会毫不理会地攻击他,如果一点也不去听学生的质问,一开始就踩住话头,至少不会给对方以可乘之机,也不致弄得一年时间都上不好课。

其实,应该拒绝的时候就要拒绝。但如何拒绝别人也是很有讲究的。拒绝得法,对方便心服口服;如果拒绝不得法,会使人感到不满,甚至对你怀恨在心。那么此时,我们到底应该怎样婉转地拒绝同事的不合理请求呢?

1. 先倾听,再说"不"

当你的同事向你提出要求时,他们心中通常也会有某些困扰或担忧,担心你会不会马上拒绝,担心你会不会给他脸色看。因此,在你决定拒绝之前,首先要注意倾听他的诉说,比较好的办法是,请对方把处境与需要讲得更清楚一些,你才知道如何帮他。接着向他表示你了解他的难处,能让对方先有被尊重的感觉,这样就是在你婉转地表明自己拒绝的立场时,也能避免伤害他,或避免让他觉得你在应付。如果你的拒绝是因为工作负荷过重,倾听可以让你清楚地界定对方的要求是不是你分内的工作,或者是否包含在自己目前重点工作范围内。或许你仔细听了他的意见后,会发现协助他有助于提升自己的工作能力与经验。这时候,在兼顾目前工作的原则下,牺牲一点自己的休闲时间来协助对方,对自己的职业生涯也不无益处。

"倾听"的另一个好处是,你虽然拒绝他,却可以针对他的情况,建议如何取得适当的支持。若是能提出有效的建议或替代方案,对方一样会感激你,甚至在你的指引下找到更适当的支持,反而事半功倍。

2. 温和而坚定地说"不"

当你仔细倾听了同事的要求,认为自己应该拒绝的时候,说"不"的态度应该是温和而坚定的。好比同样是药丸,外面裹上糖衣的药,就比较让人容易入口。同样地,委婉表达拒绝,也比直接说"不"让人容易接受。

要婉拒,但不要严词拒绝,因为温和的响应总是比情绪化的过度反应要好。情绪是具有渲染性的,"不"这个词通常会引发他人强烈的负面感受,所以,当你必须要拒绝他人时,就不要再以不友善的言行,在情绪上火上浇油。

例如,当对方的要求不合公司或部门规定时,你就要委婉地表达自己的工作权限让对方知道,并暗示他如果自己帮了这个忙,就超出了自己的工作范围,违反了公司的有关规定。在自己工作已经排满而爱莫能助的前提下,要让他清楚自己工作的先后顺序,并暗示他如果帮他这个忙,会耽误自己正在进行的工作,会对公司与自己产生较大的冲击。

一般来说,同事听你这么说,一定会知难而退,会再考虑其他办法,而不会对你产生误会的想法。

3. 以对方利益为理由

对同事说明你之所以拒绝,并非不肯帮忙,而是为了对方的利益着想。从对方的利益考虑,以对方的切身利益为借口,往往更容易说服对方。比方说,人家要求你在一个不合理的期限内完成工作,与其直言说你不可能办到,不如说服对方,仓促行事对他而言并不好。例如,"你交代的工作我不会这样马马虎虎、交差了事,但这般仓促,无法做出符合你期望的水平"。

这样的话,同事不仅不会怀疑你的意图,还会对你切实为他利益着想的态度产生感激。

4. 关怀并提出建议

拒绝时除了可以提出替代建议,隔一段时间还要主动关心对方情况。

有时候拒绝是一个漫长的过程,对方会不定时地提出同样的要求。

若能化被动为主动地关怀对方,并让对方了解自己的苦衷与立场,可以减少拒绝的尴尬与影响。当双方的情况都改善了,就有可能满足对方的要求。对于业务人员,例如保险业者面对顾客要求,自己却无法配合时,这种主动的技巧更是重要。

拒绝的过程中,除了技巧,更需要发自内心的耐性与关怀。

若只是敷衍了事,对方其实都看得到。这样的话,有时更让人觉得你不是个诚恳的人,对人际关系伤害更大。

因此,只要你是真心地说"不",对方一定会体谅你的苦衷。

说话要给别人留台阶

保全他人的面子!这是一个何等重要的问题,而我们却很少会考虑到这个问题!俗话说:"人活脸,树活皮。"此话道出了人性的一大特点:爱面子。

可是,我们不能只爱自己的面子,而不给他人面子。每个人都有一道最后的心理防线,一旦我们不给他人退路不让他走下台阶,他只好使出最后一招——自卫。因此,当我们遇事待人时,应谨记一条原则:别让人下不了台阶。

"人非圣贤,孰能无过。"每一个人都可能犯错。所以,在职场中,指出他人错误时一定要把握好说话的分寸,既要说明对方的错误,又要留有余地,保留对方的面子。否则,双方就会不欢而散,甚至从此以后,"老死不相往来"。

据心理学的研究表明,每个人都不愿意让自己的错误或隐私在公众面前"曝光",一旦出现这种情况,就会感到难堪或恼怒。

因此,在职场中,如果不是为了某种特殊需要,应该尽量避免触及对方的敏感区,避免使对方当众出丑。必要时可委婉地暗示对方的错处或隐私,给他造成一种心理压力。但是又不可过分,只须点到为止。

在北京的一家著名酒店,一位外宾吃完一道茶点后,顺手把精美的景泰蓝食筷悄悄地"插入"自己的西装内衣口袋里。

这一切都被服务小姐看在眼里,她不露声色地迎上前去,双手擎着一只装有一双景泰蓝食筷的绸面小匣子说:"我发现先生在用餐时,对我国的景泰蓝食筷爱不释手。非常感谢您对这种精细工艺品的赏识。为了表达我们的感激之情,经餐厅主管批准,我代表本店,将这双图案最为精美并且经过严格消毒处理的景泰蓝食筷送给您,并按照大酒店的'优惠价格'记在您的账上,您看好吗?"

外宾当然明白这些话的弦外之音,当即表示了谢意后,解释道:自己多喝了几杯酒,头有点儿晕,误将食筷放入内衣口袋里。并借此"台阶"说:"既然这种食筷不经消毒就不好使用,那么我就'以旧换新'吧!哈哈。"说着取出内衣口袋里的食筷恭敬地放回餐桌上,接过服务小姐递给他的小匣,不失风度地向付账处走去。

给对方留面子,也就是在为自己争面子。因为这样做不但使问题得以解决,还能使自己的声誉得到提高。所以,在生活中,除了这种情况外,还可以在他人由于某种原因处于尴尬境地的时候,你同样为他留足面子。

既要能使当事者体面地"下台阶",又尽量不要使在场的旁人觉察到,这才是最巧妙的"台阶"。

一天下午,查理·布夏经过他的一家钢铁厂,撞见几个雇员正在抽烟,而他们的头顶上正挂着"请勿吸烟"的牌子。那么布夏先生是如何处理此事的呢?他并没有指着牌子说:"你们难道不识字吗?"而只是走过去,递给每人一支烟,然后道:"老兄,如果你们到外边抽,我会很感谢你们。"员工当然知道自己破坏了规定,但是布夏先生不但没说什么,反而给了每个人一样小礼物,你能不敬重这样的老板吗?谁能不敬重这样的老板呢?

有时遇到意外情况使对方陷入尴尬境地,这时,你在给对方提供"台阶"的同时,如果能采取某些妥善措施,及时地为对方面子上再增添一些光彩,会使对方更加感激你。

言尽而意未穷,话中还有话,既提出了问题的关键,又赢得了对方的感激。如此,在职场中,你就会多一分舒心,少一些烦恼。

切莫"硬邦邦"地说话

工作中说话硬邦邦的人,不会讨人喜欢。有的人与同事说话总是硬邦邦,好像对方欠了他几百元钱没有还似的,也好像把对方当作冤家仇人似的。

丽丽本是个心直口快的人,所谓的含蓄婉转,向来不会。所以经常得罪同事。一次,饮水机没水了,她对同事张辉说:"帮个忙换桶水吧,就你闲着。"张辉一听不高兴了:"什么就我闲着?我在考虑我的策划方案呢。"丽丽碰了一鼻子的灰。

丽丽跑到销售部:"吴经理,你给我把这月的市场调查小结写一下吧。"

吴经理头也没抬,冷冷地说:"刚当上管理员,说话就是不一样。"

显然吴经理生气了。丽丽想,我也没说什么呀。她顺手拿起打印机旁的一份《客户拜访表》,问:"这是谁制的表?"

吴经理的助理夺过表格:"你什么意思!"

当天,几个同事在一起谈话,让丽丽说一说对公司管理的看法。于是丽丽竹筒倒豆子,噼里啪啦一吐为快:"我认为目前我们公司的管理非常混乱,有令不行、有禁不止,简直一个乡下企业。"大家不爱听了,认为丽丽话里有话,似乎同事们都是坏人,

上篇 会说话的女人以智慧铸就魅力

就她一个人是好人。

一会儿同事小汪问丽丽，某某事情可不可以拖一天，因为手头有更重要的事在做。"有这么做事情的吗？"丽丽声色俱厉地说，"你别找理由了，这可是你分内的事，反正又不是给我做，你看着办！"

小汪也不甘示弱，说："喂，请注意你的言辞。你以为你是谁呀？我就是没时间！"

丽丽气得发抖，她说："我怎么了？本来就是这么回事嘛，我不过实话实说。"

她正在生气的时候，副总走进来对她说："你知不知道，大家都私下里叫你西伯利亚寒流。"

丽丽笑了："为什么呀？"

"因为你说话总是冷冰冰、硬邦邦的，掷地有声，不注意措辞，经常令人难堪。"

丽丽一下子把头低下了，她认识到自己没有修炼好说话功夫，难怪大家都不喜欢她。这之前，她还以为是自己工作出众，同事们妒忌他呢，原来是自己"吃了火药"，说话太冲，杀伤力太大。

聪明人在与同事交往的过程中，从不会把话说得硬邦邦，说死、说绝，说得自己毫无退路可走。例如"我永远不会办你所搞砸的那些蠢事"。"谁像你那么不开窍，要我几分钟就做完了"。如此种种，估计谁听了都不会痛快。

在人际沟通中，与人相处，同事间每天都要说很多话。习惯了，也就不把它当回事了。但往往小小的一句话，学问却不小。将心比心，每天你都要听到别人对你说的话。什么是好听的，什么是你不爱听的？哪些话让你愉悦地接受，哪些话让你怀疑说话者的品位，哪些话又令你反感甚至产生抵触情绪？请留点心，因为很多时候，你也是这些硬邦邦的言辞的制造者。

为了避免与同事说话硬邦邦，下面几点供你参考：

1. 要用语恰当。"说者无心,听者有意。"作为一个成熟、得体的职业人,你必须时刻注意你的措辞。工作场合不能用不文明词语、粗俗词语。表达意思的时候,尽量多用中性词或褒义词;说不同的意见或批评要委婉表达,切忌直接否定或嘲讽。注意语言的细节,比如"请你……"就比"你给我……"好得多。

2. 要语速适中。过快的语速容易让人产生压迫感,强制感,或是让人不知所云;过慢的语速要么使人着急,要么让人昏昏欲睡。语速必须适中,这不但有助于意思的表达和对方的理解,还可以使信息的接受者产生舒适感、愉悦感,从而有助于拉近你与谈话者之间的心理距离。

3. 要语调明朗。很多人不注意说话时的语调,不是音调平平,就是任情绪波动,随心所欲。其实,语调对语言的效果影响非常大。明快和有气无力,哪个更让人容易接受是显而易见的。并且,语调反映了一个人的性格特点,语调高昂的人一定是个自信、开朗的人。

4. 要语气平和。公司里的职位分三六九等,但人与人之间的地位是平等的。没必要低三下四,也不要盛气凌人。别人对你的认同或是尊重,靠的是你人格的魅力,而不是强硬的语气。无论什么时候,都要保持心平气和。否则,说话的语气稍稍偏离平和,各种是非就会出来。

《圣经·马太福音》有句话:"你希望别人怎样对待你,你就应该怎样对待别人。"这句话被大多数西方人视作工作中待人接物的"黄金准则"。真正有远见的人不仅要在与同事一点一滴的日常交往中为自己积累最大限度的"人缘儿",同时也会给对方留有相当大的回旋余地。

第五章
会说话的女人家庭其乐融融

　　一个家庭的女主人如果会说话,你就会发现这样的家庭必然是其乐融融的。会说话的女人会巧妙化解家里的矛盾,让整个家团结互助。会说话的女人会适时说一些幽默的话来调节家庭氛围,使家里充满轻松、自由、愉快的气氛。会说话的女人,会用自己的言行影响孩子,使其也成为一个会说话的人……

不做唠叨的女人

苏格拉底的妻子——兰西波是出了名的凶悍之人,为躲避她,苏格拉底大部分的时间都躲在雅典的树下深思哲理。像法国皇帝拿破仑三世和美国总统亚伯拉罕·林肯这样杰出的大人物也都饱受妻子的唠叨之苦。而恺撒之所以和他的第二任妻子离婚,也是因为他实在不能忍受她那暴躁而又唠叨的个性。

到目前为止,女人们始终没有意识到唠叨对于她们而言是个严重的问题,而且可笑的是,女人总是以为可以用唠叨来改变丈夫。但是,古今中外的事实都证明,这种方法从来没有发生过什么作用。

心理学家曾对三千多对夫妇作过详细的研究,结果显示,在丈夫眼里,唠叨是妻子最大的缺点。而且,国内两个著名的研究机构经过调查后,结论也是相同的:男人们都把唠叨列在女性缺点的首位。

也许是天性使然,女人在成为人妻之后,大多患得患失,习惯絮絮叨叨,使自己的吸引力失色,男人也觉得"围城"生活太过无味。如果一个女人拥有全天下最漂亮迷人的容貌,但却是一位"唠叨婆",那么,她对男人的吸引力便约等于零。

世界上最令男人忍受不了的女人就是整天唠唠叨叨、不停抱怨的女人,但不抱怨也不行,任劳任怨的女人有时也会面临一些难解的问题。当男人被服侍惯了的时候,一切都变得理所当然,你偶尔一两次没做好,他反而要心生不满。这能让人不抱怨吗?同样都是人,女人又怎能咽得下这口气呢!只是,聪明的女人在抱怨的时候,都会先认真的想一下。

首先问一问自己,值不值得抱怨。抱怨男人冥顽不化,他很可能做事极有恒心和毅力;抱怨男人粗心大意,不拘小节,他很可能天真率直,随和易处;抱怨男人自以为是,他很可能是真的聪明能干。上帝待人很公平,他给你优点同时就给了你缺点。你要得到他的好,就得容忍他的不足。既然你左右不了他的性格行为,只能左右自己对他的看法。想抱怨的时候,朝好的方面想一想,便会心灵释然。

其次是想一想他听了我的抱怨,能改正多少。人的性格与生俱来,很难为自己左右,更别说丈夫及其他人。

有位太太抱怨她先生心胸狭窄,对人冷漠,但看他年纪轻轻,一直都顺顺利利,得到过很多人无私的帮助,真让人搞不明白。你说这究竟该怎么解释?有时研究一下血型与性格的关系,研究一下男人和女人的区别,对于了解婚姻本身不无帮助。让我们尽力改造能改造的,平静地接受不能改造的,并且多从生活中学习经验和总结教训。

最后,如果你的抱怨要非说不可,那就想想该在何时何地抱怨。

天天抱怨,男人很容易把你的话当作耳边风。所以你要么不抱怨,要么就大"抱"一通,而且得是你真正要抱怨的。

在人前或孩子面前抱怨丈夫,绝对是大大的失策。中国男人的面子总是比什么都重要的,他非但不改,很可能还怀恨在心,没有多少自信心的男人尤其如此。

当他因为别的事心情不好,或者工作很忙的时候也不要抱怨,这个时候他是听不进去的。你也许会说:不当场指出来,过一会儿就忘了。能让你很快就忘的事,那一定也不值得小题大做。要抱怨,挑有空又安静的时候,逐条将你的不满说出来,希望他能改,并且告诉他不改的话,后果会怎样,你会说到做到的。

还有一个抱怨的好时机,就是他心情好,想为你做点什么的时候。

老公的缺点和不足,就像他们身上的伤疤一样,如果你不停地数落,唠叨,指责,就像在不停地揭他们的伤疤,在伤疤上撒盐,请问伤疤又怎能愈合呢?

爱唠叨的妻子们,请少一点唠叨,因为当被你唠叨的人讨厌和憎恶你的唠叨的时候,你觉得你说的一切能够改变他吗?人的改变是自己的觉悟而非你的数落,唠叨和数落不会给人带来思想和心灵上的冲击和改变,反而会最大限度地增加被唠叨、指责者的反抗和抵触。既然唠叨带不来任何好处,反而有害无益,各位妻子,我们就不要再唠叨了吧!

好老公是夸出来的

男人也有虚荣心,愿意当大男人、大丈夫。在男人的心里,也很喜欢得到自己心爱的妻子的赞扬,但是男人又是很敏感的,赞扬也要恰到好处,不可做作。

男人的自尊心和虚荣心,是需要女人的照顾和捧场的。女人应该像保护自己的身体一样爱护男人的尊严,千万不要和男人的尊严较劲,以免因逞一时口舌之快,损坏了苦心经营的爱情。无论是在社会中,还是在家庭中。满足男人的虚荣心、努力维护男人的尊严,将会使男人更爱你、更依恋你。

生活中,总有些女人从来不懂得男人的心思,以为男人是自己的私有品,自己说什么他都不能怎么样。甚至还有些女人把丈夫当儿子一般来对待,口无遮拦,不讲策略,想怎么说就怎么说,总以为不会破坏这铜墙铁壁一般的恩爱亲情,其实这是大错特错的。

有些女人很少考虑男人的尊严问题,男人每天都在社会上闯荡,在社会上建立起的"公众形象",以及在朋友堆里树立的"威望"。男人在社会生活中,总是拿出自己最优秀的一面展示出来,对于自己不优秀的东西、不好的东西,总是尽可能藏起来不显露出去。不良的东西暴露得越多,男人的尊严越无法提高,高品位自然无法形成,在社会上当然也就缺少地位。

于是,男人把积极的、向上的、道德的、豪情的东西贡献给了社会,而把自己放松的、欲望的、非道德的东西留给了家庭。如果女人经常把在家中对男人的印象,当作放之四海而皆准的尺度,那便是天大的错误。当男人在社会中搏击的时候,男人就要摆出自己的社会形象,并捍卫自己的"价值"与"尊严"。凡是有损于男人形象的言论都会深深激怒他。女人在这方面一定要谨慎,一定要学会夸你的老公。

但需要注意的是,夸老公不要夸过了头。夸老公对女人来说是手到擒来的事。每当老公做了一件令你心悦的事情,夸老公是最好不过的事情了,也是最不费力的事情,也是女人最拿手的技能。虽说不费力气,张嘴就来,可甜言蜜语水分多了,就显得诚意不足,有点做作,使人听起来浑身的不舒服。毕竟有根有据的赞美和敷衍了事还是有区别的。

夸自己心爱的男人,对任何女人来说都不是难题。但是,没有分寸没有原则的赞美,只会让男人自负或自恋。因此,赞美就如一件衣裳,好看但未必适合每个男人。女人要将赞美准确送达,也需要有独到的眼光。

好老公是夸出来的,只有毫不吝惜地赞美他,让他深刻感受到你的爱意与体贴,让他在你的赞美中觉醒奋起。那么,婚姻才会变得更坚固、更美满。

男人,都喜欢听好听的话,最希望得到妻子的赞赏、鼓励和肯定。适当的赞赏可以增强他的自信,提高他做事的兴趣,使他心甘情愿地围着你转。

其实,男人就是一个长着胡子的大孩子。无论外表多么的坚强,他的内心都是柔软脆弱的,需要你的安慰抚摸,需要你温柔肯定的言语,这是毫无疑问的。

可是,当他带着期望踏进家门的时候,迎接他的却是妻子皱着眉头的脸和不停的唠叨:"小红的老公升了正局级,你什么时候……"当他带了一束玫瑰回到家,妻子却漫不经心地丢在一边,开始谈论小芳新买的钻戒多么漂亮。

当女人不再感激男人为之的付出,甚至有些鄙视他所向你表达的爱意时,他的心在你的无意唠叨中受到伤害时,男人还会渴望回家,还会觉得家是温暖的港湾吗?

一句"老公真好"、"我爱你,老公",却会让他在以后的日子里更加努力,做得更好。

丽华和老公终于如愿以偿,买了一套真正属于自己的房子。乔迁那天,丽华请来几位同事到家做客。为了向众姐妹显示她在家里的威力,便摆出一副"一把手"架子,把老公支使得团团转。

老公已习惯了她张牙舞爪,并不与之计较,而是让她们在客厅里高谈阔论,自己到厨房张罗饭菜,一阵忙碌,老公做了一桌子丰盛的佳肴。大家入座之后,丽华似乎觉得还没过足"一把手"的瘾,不住地抱怨菜淡了,汤咸了,饭煮的太硬了……弄得同事和老公都不自在。一次愉快的聚会,经这样一搅,最后在尴尬气氛中不欢而散。

第二天上班,闲聊时孙大姐对丽华说:"昨天你有点儿过了,其实,我们都觉着你家老公挺好的,让他做什么就做什么,你还在大家面前嘲讽他,这也太不给他面子了。你应该知道,好老公是夸出来的。"

一个幸福美好的家庭,是需要两个人精心经营的。人们往往很容易原谅朋友的过失,却很难坦然面对爱人的缺点和错误。其实宽容不仅仅适用于朋友之间,夫妻之间尤其更需要宽容,更需要互相包容,何必对自己的老公吹毛求疵呢。多一份宽容,多一份理解,多一份鼓励、欣赏,丈夫肯定会变得更加体贴。聪明的老婆,对所爱的老公绝不会吝啬赞赏和鼓励。

和孩子沟通的艺术

当孩子长大时,妈妈们与子女之间的沟通问题,无论是对孩子,还是对妈妈来说,都是一个令人苦恼的问题。在日常生活中常听到一些妈妈抱怨:"孩子小时候活泼可爱又听话,现在长大了,我们的话听不进去了,你还没讲几句,他(她)就烦了,他们有什么事也不想让我们插手。但他们毕竟是孩子,我们怎么能不管呢?"孩子也会带着怨气说道:"妈妈太唠叨了,同样的话会说好几遍,什么事都想问、都想管,我们已经不是小孩子了,你们能不能不烦啊!"

那么,孩子与妈妈间冲突与矛盾的原因究竟是什么?怎样才能减少或避免冲突,更好地进行沟通呢?

从对亲子之间矛盾冲突原因的分析中,从孩子对父母有什么希望与要求的调查中,我们可以归纳出以下几条与孩子沟通的方法:

1. 先做朋友,再做父母。孩子小的时候,知识贫乏,生活经验少,此时父母的角色是孩子的指导者、照顾者、呵护者;孩子长大后,他们有着自己的思想与看法,有独立的生活能力和处理问题的能力,这时父母的角色应该转变成孩子的顾问、合作者和朋友。中学生往往对居高临下的父母持否定态度或产生逆反心理,这与这个时期孩子的心理特点有关。这一阶段孩子的思维具有批判性,对成人的话会做出自己的分析,提出自己的看法。"渴望平等"是这一时期孩子的最强烈的心理需要。因此,家长最好以大朋友的身份来对待孩子,而不是以长辈的身份来压制孩子或以棍棒的方式教训孩子。

2. 把强行的要求和规定变成讨论式、商议式的谈话。以朋友的身份对待孩子,并不意味着父母不给孩子任何帮助、批评和建议。问题的关键是父母要以比较民主的教育方式,给孩子选择的机会和解释的权利。当孩子觉得父母不是以长者的身份和用权威语气来教训他的时候,父母的意见往往容易被接受。比如在日常生活中家长与孩子谈话时常用"你应该怎样""你必须怎样",这是一种强行的命令式口气,如果变成商议的、讨论式的口吻,如"你能不能怎样""争取怎样""建议你怎样"等,孩子或许更容易接受。

3. 把爱和鼓励放在嘴边,不要埋藏在心里。朱永新教授在

《我心中理想的父母》一文中写道:"父母对孩子的失望意味着真正教育的停止,而孩子对自己的失望意味着进步的停止。信任和自信是一个人不断奋发向上的动力源泉。我们培养一个人,就是培养他的自信;我们摧毁一个人,也就是摧毁他的自信。"在教育过程中我们不难发现,每个孩子都渴望得到表扬和肯定,希望得到赞许和承认。因此,当孩子失败、失去自信心的时候,父母的一个微笑、一声赞许、一句鼓励的话往往会使孩子重新振作起来。可悲的是多数父母在这种情况下不是鼓励、承认和赞许,而是指责和训斥,致使孩子真的对自己失去了信心,从而破罐子破摔。

4. 提高自身素质,寻找与孩子沟通的话题与基础。沟通需要有共同的话题。孩子关心什么?心理需求什么?对什么最感兴趣?都值得家长研究。在问卷调查时,还有一位学生写道:"我们喜欢自然的沟通,不喜欢家长郑重其事地说:来来来,我们坐下来谈谈。"要在自然的状态下沟通,就要求家长多学习,多看书,多接受新生事物。

自然地去和孩子们沟通吧,陪伴在他们的身边,和孩子们一起成长,不要让他们再说"我不想长大"。

不妨撒撒娇

撒娇,不仅使女人更可爱,而且还易化解生活中的矛盾,是软化矛盾的"原子弹",无坚不摧,战无不胜。

撒娇也是家庭矛盾的缓冲剂,如果一个女人在心血来潮时,花大钱买了一件根本穿不下去的衣服,而她的老公却正在为房子的贷款深夜加班。当老公发现时怒气冲冲地指责老婆乱花钱时,如果老婆说:"花的是我自己的钱,又不是花你的钱,要你管。"那么家庭矛盾就会立即升级,如果老婆未语先是掉几滴眼泪:"呜呜,你干吗这么凶,人家也不知道嘛,老公你好凶,我也是因为想打扮漂亮一点让你看嘛。"这样,矛盾会少一些。

在夫妻沟通的艺术上,妻子若把娇功运用得好,真可以发挥四两拨千斤的效果。

吴妈妈有两个儿子,大伟和小伟。眼看着两兄弟都已经到了适婚年龄,吴妈妈就经常拜托人家介绍。今天带着大伟去相亲,明天赶着小伟去和女孩子约会。去年夏天,大儿子大伟娶了太太,二儿子小伟也有了固定交往的对象。吴妈妈心里别说有多高兴了,这下子自己就要当婆婆了,看样子不久还可以抱弄孙子啦。

谁知道,事情没有她想象得那么美满。

大伟结婚不到两个月,新房里便时常传来阵阵"战鼓"。大伟从小个性就猛烈如火,没想到千挑万选的妻子也性格强硬如石,遇到两人意见不合时,即使是小事一件,丈夫发脾气,妻子也不好惹,每次都针锋相对,大眼瞪小眼,谁也不让谁,越吵越凶,不大战一场不会休止。

夫妻战争连连,感情逐渐恶化到彼此都无法容忍的地步,最后只好协议离婚,各奔前程了。转眼一年过去,小伟也热热闹闹地把女朋友迎回家成为媳妇。吴妈妈这次却是又高兴又担心。高兴的是儿子娶了个美娇娘,担心的是小伟这对小夫妻,会不会和大伟他们一样,成天吵个不停,无法白头偕老。当母亲的最了解儿子,小伟脾气之暴躁,比他哥哥大伟有过之而无不及,动不动就吹胡子瞪眼,生起气来就握紧了拳头。

从媳妇进门的第一天起,吴妈妈就偷偷地密切注意着家里这一对新婚燕尔的年轻夫妻,随时准备要插手调解"战争"。

她担心的一天终于来临了,不知为了什么事,小伟拉开嗓门对妻子大吼大叫。吴妈妈听到这大声的"警报",急忙跑进了小两口的房间。

她看见拳头举得高高的,满脸气得红通通的小伟。

"你想干什么?你这孩子……"

吴妈妈话没说完,只见小媳妇既不躲,也不闪,对着丈夫柔情蜜意地笑了笑,娇滴滴地说:"好啊,你要是舍得打,那你尽管打呀,打是亲,骂是爱嘛。"

被自己的妻子这么一逗,小伟的性子霎时软了下来,把高举的拳头放下,整个脸笑得像喝醉酒的弥勒佛。

一场风波顿时平息了,吴妈妈看见儿媳妇撒娇和小伟两人的模样,笑得嘴巴都合不拢。

日子一天天过去,吴妈妈发现二儿子小伟的坏脾气几乎全都不见了。后来,小伟自己跟她说:"妈,我真拿她没办法,还是她厉害,我彻底被她打败了。"

吴妈妈想这不知是哪辈子修来的福气,小伟能够娶到这么一个懂得"撒娇艺术"的媳妇。

"撒娇艺术"很像兵法上"以柔克刚"的艺术。

两口子过日子,难免磕磕碰碰,母老虎似的老婆可能会和老公针尖对麦芒,死碰到底;难缠的老婆,不依不饶,热战完了冷战,把矛盾无限扩大;心胸狭窄的老婆,无事生非,动不动就指责你在外面拈花惹草,整天就像审犯人似的,让你比窦娥还冤;有钱的老婆,财大气粗,吵起架来就像训斥家里的宠物,让你在家里和社会中很没地位,活像生活在苦难的旧社会……会撒娇的老婆则不然,战斗刚刚硝烟点起,就和你黏糊,往老公身上一靠,小嘴一噘:"我生气,你也生气!人家是女人嘛,干吗和女人一样小气,你得向我道歉!"可也是,两口子之间,能有什么大不了的事!给对方一个台阶,给自己一个台阶,什么都过去了。

　　生活中琐碎的事情太多,一句话听的不悦耳就有可能发生战争。在这样的环境中,没有对和错,也没有必要论一个短长。要想把老公摆布得服服帖帖的,就要使出女人的拿手本领——撒娇。当你倒在老公怀里撒娇的时候,你的老公才会感觉到像个爷们,此时的老公就是有再大的火气,也被你的娇气给扑灭了。

中篇　会说话的女人用心计赢得气场
——聪明的女人一开口就引人注目

美国人类行为科学研究者汤姆士指出："说话的能力是成名的捷径。它能使人显赫，鹤立鸡群。能言善辩的人，往往使人尊敬，受人爱戴，得人拥护。它使一个人的才学充分拓展，熠熠生辉，事半功倍，业绩卓著。"事实上，口才在现实生活中的方方面面都扮演着极其重要的角色：谈话需要口才，说服需要口才，求人办事需要口才，演讲需要口才，商务谈判需要口才，推销需要口才，幽默需要口才……总之，生活的方方面面都离不开口才。一个聪明的女人会说话，她们一开口总是不同凡响，因为懂得掌握说话的技巧，一个女人只要你掌握了说话的技巧，不仅能让你能说，而且能让你会说；不仅能让你会说，而且能让你一开口就能引人注目。

第一章
会说话的女人最亲和
——聪明女人的话是暖的

聪明的女人要知道,语言是需要温度的,不同的语言给人的感觉是迥然不同的。文明礼貌的语言是温暖的,比如,谢谢、对不起、没关系;尊重他人的语言是温暖的,比如,您好、您先请、请坐;关心他人的语言是温暖的,比如,注意身体健康、多保重!温暖的语言,恰似一阵春风,吹走人们心中的阴霾;犹如一杯热茶,抚慰人们受伤的心灵。

从语言中流露你的真情

人们常说：幸福婚姻的基础是真情。所以夫妻之间最忌讳的就是相互敷衍，而语言上的敷衍给对方造成的往往是直接伤害，更容易冲淡夫妻间的感情。在交流的时候，夫妻之间只有真挚地交谈，才能加深彼此的感情。你要知道，语言上的真情流露是向对方表达感情的最直接的方式，你充满感情的语言能触及对方的每一个感知细胞，使对方感到你对他爱意绵绵。语言的真情流露就是说话的时候无须字斟句酌，不要华丽的修辞，只求简单明了地让爱人听懂，而且要发自心、出自情。

语言间要透着温馨亲切

夫妻之间交流的时候语言中要透着温馨亲切。从心理学的角度说，男人需要女人的感激，女人渴望向男人倾诉，从而获得感情支持，可感激与倾诉，往往离不开温馨亲切的语言氛围。所以说，夫妻交谈的时候要在温馨亲切上下功夫，以便缔造夫妻间和谐的关系。

语言的温馨亲切与否，往往只有细微的差别，同样意思的一句话，差别不大，但给对方的感受迥异。例如：

"我等你吃饭。"——没有温馨之感，反而有几分不耐烦的意思。

"等你回来我们一起吃。"——饱含着惦念。

"你慢一些。"——暗含责备。

"我想你应该慢一些。"——显得爱护有加。

不难看出，同一种意思用不同的方法说就会产生不同的效果。因此,在生活中,你要善于修饰自己的语言,使夫妻间的交谈显得温馨亲切。

必要的时候说话要含蓄

把话说完了、说白了反而太露,平淡无味,而含蓄的语言使得话中有话,话后有意,余韵绵长。这种说话的艺术能给对方留下一定的想象空间,让对方去咀嚼回味。倘若用在夫妻间的交谈上,不仅可以避免矛盾,而且还可以营造出轻松浪漫的家庭氛围。

例如,丈夫不修边幅,常常脸不洗、胡子不刮、袜子不换洗,妻子对他邋遢的习气早就不满,但碍于丈夫的面子不想当面说出。于是,她便对丈夫说道:"我知道,你对我非常的忠诚,肯定不会有外心。因为有外心的男人最讲究仪表了。"丈夫一听就能明白是怎么回事,下次出门的时候就开始学会照镜子看看自己哪里不整齐了。

可见,用这种含蓄的语言建议丈夫注重仪表,比直接要求丈夫改正要好得多。

自己说的同时也要让老公在家里毫无顾虑地说话。

男人和女人在热恋的时候,总有说不尽的甜言蜜语。可是男人一旦成为老公以后,话便越来越少,结婚时间越久,男人越沉默、越不爱说话。

电视中经常会有这样的场景:早餐桌上男人永远拿着报纸在读;下班回家后,则坐在沙发上看电视,而妻子总是前前后后地忙活,嘴里还喋喋不休着。但妻子的声音似乎一点儿也不会影响男人专注于电视的注意力。

男人的少语,令妻子抱怨不已,她们对男人的死不开口恨得牙痒痒,却又无可奈何,实在是拿男人没辙。其实,要解决这个问题很简单,妻子只要用温馨的爱语代替无情的唠叨就可以。

所以说,唠叨并不能解决问题,而讲爱语却可以,夫妻之间要学会抓住稍纵即逝的场景,用深情的语言去点燃对方爱的火焰,让婚姻放射出光彩夺目的火花,而不是任唠叨一点点地蚕食着夫妻深情,这样的夫妻才能共同营造幸福的生活。

用一颗平和的心宽恕他人

中国有句古话,说的是"以责人之心责己,以恕己之心恕人"。然而,很多人自己有了过失,总会千方百计为自己寻找借口,一旦别人犯了错误时,自己立刻就变成了一个公正严明的法官,嫉恶如仇起来。其实,人无完人,每个人都有犯错的时候,我们何必对别人太苛刻呢?当别人犯错误时,我们当然有责任让他们改正,但是,在对他们指责时,一定要为对方留足面子,不要一味地挖苦、嘲讽,一定要体谅对方。有时能够宽恕对方的错误,对自己百利而无一弊。

有个战士站岗睡觉,一位指导员查到后,就严厉训斥:"我早就说过,站岗不准睡觉,你老是跟我作对,回去以后写好检查,等我明天再来收拾你……"而另一名指导员,却是和蔼地说:"站岗的确很辛苦,这样吧,你先去休息一会儿,我不困替你先站一会儿。但是你要记住,战士站岗睡觉,在平时可能是小事,在战时就有可能丧失一个连队战士的生命,你自己好好思考一下……"

两位指导员在对待战士站岗睡觉这个错误时,由于讲话的语气不同,一个是直言相斥,一个是平和宽容。结果,战士因为第一位指导员口气生硬,语言简单,他口服心不服,产生了明显的对立情绪,不但没有改正错误,还导致后来经常与指导员对抗。因为第二位指导员能先体谅到自己站岗的辛苦,而后才和气地指出他的错误,态度亲切,忠言顺耳,他主动地承认了错误,并接受处理。

宽恕一个人的错误,需要具有一颗宽容而平和的心态,用体谅的话去打动他,这样才能够让他感觉你的指责是真心的关怀和教育,而不是一种纯粹的抱怨和斥责。

有一个女出租车司机,在把一名男青年送到指定的地点后,对方突然掏出尖刀,威胁她把身上的钱全掏出来。这时,女司机没有慌张,她冷静地把当天的300元收入递给对方,还关切地说道:"今天就挣了这些,要不我把零钱也给你吧?"说着,又将口袋里的20元零钱也递给了青年。

那个抢劫者见女司机如此镇定,如此自然,不禁有些发愣。听到女司机提出再送他一程的建议时,他没有反对。

当车上的气氛缓和后,女司机便用忧伤的语调,说起了自己的过去:"你的心情我能理解。我家原先也很困难,父母常年有病,我和弟弟经常遭受别人白眼。一次,弟弟在珠宝店偷了一个有钱人的提包,在对方的追赶下,跑经十字路口时,不幸滑倒,被一辆大货车碾了过去……我不认为弟弟是个坏人。后来我学驾驶,又借钱买了这辆车。我不信自己就应该受别人冷落。只要自己瞧得起自己,别人的态度不用去计较。"听着这些话,青年一言不发。

女司机忍住了泪水,接着说道:"但我不能原谅弟弟的是,他有什么想法从不跟我说,不然他也不会……他的死真不值得。"女司机呜咽了起来,再也说不下去了。

"停车,快停车。"男青年突然大叫。

当车停到道边时,男青年把那320元钱恭恭敬敬地放在女司机旁边的座位上,同时低声说道:"大姐,谢谢您。"说完后,他推门下车,头也不回地走了。

从这名女司机坦然的话语中,你不能不对她的那份从容和宽容感到震撼。是的,世界上没有天生的恶人,任何一个人来到人世都没有抱着威胁他人的目的。只不过大多数人能够冷静面对自己的先天"劣势",并决心凭自己的力量去改变,而有极少数人却产生错觉,将一切不幸归咎于外界,以致犯下不该犯的错误。

女司机的聪明之处在于她没有去指责男青年的过错,而是用理解和体谅的话语宽恕了他。而从女司机的这些话语中,男青年也体会到了对方对自己人格的尊重,以及对自己的失足发自内心的惋惜。试问,在这种真情面前,又有几人能够不为所动？于是,男青年放下了本不属于自己的钱,既表达了对女司机的尊重,也追回了自己的尊严。

用平和的心去宽恕一个人的过错,这不仅仅要从心底里原谅他的不对,还要懂得用体谅和理解的话去感化他,用情感去打动他,这样才能够让他更好地认识到自己的错误,积极去改正。

给语言加点温度

女人要知道,语言是有温度的,不同的语言给人的感觉迥然不同。文明礼貌的语言是温暖的,比如,谢谢、对不起、没关系;尊重他人的语言是温暖的,比如,您好、您先请、请坐;关心他人的语言是温暖的,比如,注意身体健康、多保重！

伤害人、侮辱人的语言是冰冷的。生活中,或许你也受过冰冷语言的伤害吧？如果你是戴着眼镜的男孩,有人会喊你"四眼";如果你是一个身材矮小的女孩,有人会叫你"豆包"。听到类似的话,相信你一定会很难过。"己所不欲,勿施于人",既然你不愿意听这些话,那么请你一定不要对别人说这些冷冰冰的话了!

温暖的语言,恰似一阵春风,吹走你心中的阴霾;犹如一杯热茶,抚慰你受伤的心灵。而冰冷的语言,却像一把尖刀,损伤你的尊严;犹如一根木棒,打击你的自信。

时代造就了每个人的话语内容,时代造就了说话的态度和心情。这个世界上,多数人都缺少温暖,尤其是日益竞争激烈的今天,人情越来越淡的今天,谁又不缺少阳光和温暖呢?

正因为我们大多数人都缺少温暖,心都是凉凉的,所以大多数人一开口,就是讲的冷冰冰的话语,如见到路边的乞丐向你乞讨,可能会冷叱一声:"滚开!"见到熟人投资失败了,有人可能会幸灾乐祸地说:"自讨的。"见到同事业绩大增,有人会愤愤不平道:"这没什么了不起。"

然而,我们若将身份换过来,我们成了那个意外的失败者、伤心者,我们内心深处也会期待着身边的人能说上几句温暖的话、阳光的话、正面的话、鼓励的话,而不是冷冰冰的话,不是来自残酷者的地狱之声。

人都是有弱点的,谁都是希望从他人口中得到欣赏和鼓励,谁都想从他人那里得到尊严和面子,谁都想从他人那里得到温暖与关爱。

不要看阳光如此灿烂,绝大多数路人心中都缺少阳光的温暖,人们都在孤独地赶路,谁都很少听到同路人的温暖语句,哪怕是一句也行,也能伴随着他们度过心中的冬天,也能不断地温热他们的心田。

因此,每当我们要开始讲冷冰冰的话时,我们说应用心升一下温后再讲出来。冬天谁都不愿意吃没加热的冷面包,谁都愿意吃微波炉中加热了的面包,因为这种面包闻起来香喷喷的,吃起来很柔软,很容易消化,拿在手中也是暖到心里。

夫妇关系和谐是家庭幸福的基本要素,也是子女教育的良好基础。换句话说,婚姻美满是家庭幸福的核心,也是子女健康成长的关键。心理学家认为,"孩子安全感的最主要来源,是知道父母相爱"。

家庭中充满愉快的气氛,则每个家庭成员都会感到轻松幸福、心情舒畅。在教育子女时也容易采取同样的态度和一致的步调,对子女的成长与发展有莫大的帮助。

反之,父母失和、恶语交加,家庭得不到安宁,使每个人都感到不安,特别是子女更觉紧张,他们不一定了解父母失和的原因,也无法改善父母的关系,更无法预料结果,从而无所适从,引发出许多问题。

因此,对子女的养育来说,营造幸福的婚姻,是父母的首要责任。那么此时,适时为感情升温成了男女双方义不容辞的责任。那么,如何保持婚后夫妻生活的和谐、浪漫和幸福呢?

别忘了说声"我爱你"! 有人认为婚后夫妻不需要说"我爱你""你真漂亮"等动情的语言,其实不然,学会用动情的语言,能增加夫妻生活情趣,是恩爱夫妻的感情纽带之一。中国人夫妻间感情不像西方人那样外露,而注重含蓄。但含蓄决不等于关闭感情的窗口。每个人不进食都会产生饥饿感,但许多人不知道缺乏感情交流也会产生"感情饥饿"。拥抱接吻使人得到感情满足,动情恩爱的言语同样使人得到感情满足。医学心理证明:一个人长期得不到感情满足不仅会心情沮丧,而且有可能导致一系列心理障碍和心理疾病。因此,夫妻间善用"动情语言"是至关重要的。

当一方烧好了饭菜,另一方衷心地说一句:"你辛苦了,你烧的菜真好吃,谢谢!"一方穿上新衣,另一方马上赞扬说:"你今天真漂亮。"出差在外,不妨写几封信,表达平时不易启齿的爱慕之情。一句动情的话语,不仅使人感到舒畅、清爽、甜蜜、兴奋,而且容易激起感情的浪花,避免夫妻间不必要的矛盾发生。因此,无论是少夫少妻,还是老夫老妻,当你的爱人心情不佳时,千万别忘了说一声"我爱你"!

婚前恋爱时,男女情侣有说不尽的甜言蜜语,有时即使无话也要找话说。婚后,特别是男方,低温的话就多了起来。

美国一位心理学博士指出:"在婚后第一年中,夫妻间的情话与讨好行动都会比恋爱时下降30%,这一'冰河期'的到来,女方受的打击较男方还要重些。"如果女方不能正确认识丈夫的变化,那么就常会以"找话茬儿"来打破沉默,这时,丈夫如不能正确理解,便可能回击对方,于是争吵即刻发生。

这时,艺术处理的方法之一是:丈夫或妻子应该静下心来倾听对方的意见,帮助其宣泄和疏导,并不时用温暖如春的话来打破生活的尴尬。因此,平时我们就要学会把话说得亲点儿,给语言加点温度。

给批评加上"糖衣"

据说,某人进入一家公司服务,这是一家由个人承包的企业,承包人是一位脾气暴躁的经理。她在批评下级的时候,常常是声色俱厉,毫不留情,令下级简直无地自容。但是,批评到最后,她的表情突然来了个180°的大转弯,和颜悦色地说:"你到底是怎样弄成这个局面的?"下级就立刻感到无比温暖。

这位经理真是把批评的艺术掌握到了炉火纯青的地步!她虽然要求很严格,但是很得下级的敬重。这是因为她懂得一张一弛,相得益彰的道理。

不同的人对于同样的批评,会有不同的心理反应,因为不同的人,性格与修养都是有区别的。

正确的批评要求细密周到,恰如其分,普遍性的问题可以当面进行批评,对于个别现象就应个别进行。对下属的粗暴批评不会产生很好的效果。员工听到的只是恶劣言语,而不是批评的内容。他们的心中充满了不服和哀怨,这就使其产生逆反心理而不利于问题的解决。

要学会运用"胡萝卜加大棒"的策略,防止只知道批评不知表扬的错误做法。在批评时运用表扬,可以缓和批评中的紧张气氛。可以先表扬后批评,也可先批评后表扬。

批评还要注意含蓄,借用委婉、隐蔽、暗喻的策略方式,由此及彼,用弦外之音,巧妙表达本意,揭示批评内容,引人深思而领悟。万万不可直截了当地说出批评意见,开门见山点出对方要害。

批评的轻重有度,还要因事而异。一般的小过失,轻描淡写地批评就能解决问题;但比较严重的错误,比较顽固的人和态度,你就要响鼓重捶,否则是难以奏效的。

美国玫琳凯化妆品公司最重视的就是员工,该公司相信,关心员工与公司必须赚钱这二者并不矛盾。

总经理阿什对员工的关心与爱,不单单表现在工作、生活和相互交往上,更表现在对员工错误的善意批评上。她说:"我认为,经常批评人的做法并不妥当。不是说不应当提出批评,有时,管理者必须表明对某事不满意。但是批评的目的是指出错在哪里,而不是指出错者是谁。如果有人做错事时管理者不表明态度,那么,这种管理者也确实过于'厚道'了。不过,管理者在提出批评时,一定要讲究策略,勿摆架子,不可盛气凌人,否则就可能出现适得其反的结果。我认为,一个管理者应当做到:当某人出错时,既能指出其错误,又不致挫伤其自尊心。每当有人走进我的办公室,我总是创造出一种易于交换意见的气氛。这一点很重要。只要我越过有形屏障——我的办公桌,那么,创造那种气氛则易如反掌。我的办公桌象征着权力,它向坐在一旁的来人表明,我有权指示他应该如何如何。我总是越过那个有形的屏障,以朋友和同事而不是以领导者的身份与人交谈。因此,我们同坐在一张舒适的沙发上,在比较轻松的氛围中研究工作、解决问题。"

常言道良药苦口,忠言逆耳。可现在给药都包上了糖衣,良药口不苦,这用在批评上也同样适用。

人,谁没有一点自尊,谁没有面子观念?只要我们记住:我们在同一片天空下,虽然身份有不同,财富有多寡。但是绝对没有人格的贵贱。每个人都需要别人的理解和尊重。而一个懂得尊重他人的女人无疑是最聪明的女人。

第二章
会说话的女人会赞美
——聪明女人的嘴是甜的

赞美的力量是巨大的。有的时候一句赞美的话足以改变人的一生。赞美是对付出的一种报酬,是生活的一种公平,是黑暗中的一根蜡烛,有意无意间照亮了别人;是航海中的一块罗盘,颠颠簸簸中指引方向。请不要吝惜你的赞美,因为赞美,让我们发现了生活中更值得我们感激的东西;因为赞美,让我们感觉生活中的快乐无处不在。

赞美是一种巨大的力量

每个人都希望被赞美,每个人都希望自己的真正价值被认可,尤其是希望得到朋友的认可。虽然处在极小的天地里,仍然认为自己是小天地里的重要人物。对于肉麻的奉承、巴结会感到恶心,然而却渴望对方发出内心的赞扬。鉴于此,我们不妨遵守"黄金原则"——发自内心地称赞他,满足人性的渴望。

赞美是欣赏,是感谢,是朵永不凋谢的花,给人的喜悦是无可比拟的。一副冷漠的面孔和一张缺乏热情的嘴是最使人失望的。赞美的效果是非常神奇的,表现在以下几个方面:

1. 给人信心

多年前,一个伦敦的孩子在一家布店当店员,早上5点钟他就要起床,打扫全店,每天干十几个小时工作,那简直是苦工、奴隶。两年后,男孩再也不愿忍受了,一天早晨起床后,男孩顾不上吃早餐,跑了13里路,去找他在别人家里当管家的妈妈商量。他一边哭泣,一边发狂地向妈妈请求不再做那份工作了,并发誓,如果再留在那店里,他就要自杀。而后,他又给老校长写了一封悲惨的信,说明他心已破碎,不愿再生。他的老校长看信后,诚恳地对他讲,你实在是很聪明,应该去做更好的工作,并给了他一个教员的位置。从此,那个赞美改变了那个孩子的未来,在英国文学史上,曾著有76本书,留下了永久的形象。他的名字就是韦尔斯。

2. 催人奋进

人得到赞美,其喜悦心情固然无可比拟,但更重要的是赞美所产生的力量总是巨大的,它能够激发人的积极性和创造性,增添人们克服困难的勇气,甚至使人创造出种种奇迹来。

有甲乙两猎人,各猎得两只野兔。甲的女人看见冷冷地说:"只打到了两只吗?"甲猎人心中不悦,"你以为很容易打到吗?"他心里如此埋怨着。第二天他故意空手回家,让她知道打猎是不容易的事情。乙猎人所遇则恰好相反。他的女人看见他带回了两只野兔,就欢天喜地地说:"你竟打了两只吗?"乙听了心中喜悦,"两只算得什么!"他高兴得有点骄傲地回他的女人。第二天,他打回了4只!这就是赞美的魅力。

3. 缓和矛盾

有人的地方,就会有矛盾产生,不论是同事、邻里还是朋友,甚至夫妻也不例外。一旦有了纷争,即使认为自己一方在理,也要避免过分的数落、指责。这个时候,最好的方式是使用调侃、幽默的言语,浇灭对方的怒气,达到释疑解纷的效果。

有一位妻子虚荣心比较重,当夫妻商量出席友人婚礼时,她缠着丈夫要买一种昂贵的花帽。此时正值夫妻闹经济危机,丈夫自然不肯答应花这笔钱。争吵中,妻子赌气地说:"人家李丽和杨洋的爱人多大方,早就给自己的老婆买了这种花帽,哪像你,小气鬼!"丈夫不愿争论,只是故意夸张地说:"可是,她们两个有你这样漂亮吗?我敢说,她们若有你这样美,根本就不用买帽子打扮了,是吗?"妻子一听丈夫的赞语,不觉转怒为笑,一场争吵也随之平息了。

4. 遂己心愿

有一位美国的老妇人向史蒂夫·哈维卖保险。她带来了一份全年的哈维主编的杂志《希尔的黄金定律》,滔滔不绝地向他谈她读杂志的感受,赞誉他"所从事的,是今天世界上任何人都比不上的最美好的工作"。她迷人的谈话将主编迷惑了75分钟,直到访问的最后5分钟,才巧妙地介绍自己所推销的保险的长处。就这样,老妇人成交了预定购买的保险金额5倍的保险业务。

5. 摆脱纠缠

有一位白领女性，相貌出众，在某家公司负责产品销售策划。一次下班后，公司经理主动邀请她："小姐，晚上陪我吃夜宵好吗？"她不得不按时赴约。见面后，经理喜出望外，情意绵绵。两人边吃边谈，女子竭力向经理劝酒，滔滔不绝地向他介绍公司的发展计划，并不时赞美经理，称他是一位有修养、有气质、讲信用、受人尊敬的现代企业家。经理颇为得意，故作谦虚道："你过奖了。"最后两人共舞一曲而告终。临别时经理握住女子的手，郑重地说："你是个自尊自爱的女子！我心里会永远记得你这完美的女孩形象。"

女人必学的赞美方式

女人要学会赞美他人，但是怎样赞美呢？仔细观察我们会发现，周围的人或多或少都在说着赞美别人的话，只不过每个人的赞美方式各不相同而已。赞美主要有以下4种方式：

1. 直接式赞美

赞美他人最常见的方式就是直接赞美。特别是上级对下级、老师对学生、长辈对晚辈。它的特点是及时、直接。

被誉为"近代物理学之父"的爱因斯坦平日酷爱音乐，喜欢弹钢琴，擅长拉小提琴。有一年，他应邀对比利时进行访问，比利时国王和王后都是他的朋友，王后也是一个音乐迷，会拉小提琴。他和王后在一起合奏弦乐四重奏，合作得非常成功。爱因斯坦对王后说："您拉得太好了！说真的，您完全可以不要王后这个职业。"听了爱因斯坦的赞美,王后为此很是兴奋了一阵。

2. 间接式赞美

在日常生活中,如果我们想赞美一个人,不便对他当面说出或没有机会向他说出时,可以在他的朋友或同事面前,适时地赞美一番。这样收到的效果会更好。

美国南北战争开始时,北方联军连吃败仗。后来林肯大胆启用了一位将军——格兰特。他出身平民,衣着不整,言语粗俗,行为莽撞,有人还说他是个酒鬼。林肯心里明白,所有对他的传言都是夸大之辞……后来,竟然有人要求林肯撤掉格兰特的军职,其理由是说他喝酒太多。林肯则不以为然,他赞扬格兰特说:"格兰特总是打胜仗,要是我知道他喝的是哪种酒,我一定要把那种酒送给别的将军喝。"格兰特没有辜负林肯的信任,为结束南北战争立下了赫赫战功,证明他的确是一位能力卓越的将军。后来,他竟成为美国第十八任总统。

3. 意外式赞美

出乎意料的赞美,会令人惊喜。丈夫工作一天后回家,见妻子已摆好了饭菜,称赞妻子几句;老师见学生把教室打扫得干干净净,夸奖一番。在学生看来是应该的,却得到老师的赞美,心情是无比愉悦的。

有时,赞美的内容出乎对方意料,也会引起对方的好感。卡耐基在《人性的弱点》中写了一个他曾经历过的故事:一天,他去邮局寄挂号信,办事员服务质量很差,很不耐烦。当卡耐基把信件递给她称重时,他说:"真希望我也有你这样美丽的头发。"闻听此言,办事员惊讶地看看卡耐基,脸上马上也露出了微笑,服务变得热情多了。

4. 激情式赞美

人都有一种被人肯定、被人赞美的强烈愿望。恋人之间的赞美既是获取爱情的催熟剂,又是缓和矛盾的润滑剂,还是保持感情的稳定剂。正如拿破仑所说:"从来没有哪个女人像你这样受到如此忠贞、如此火热、如此情意缠绵的爱!"对他的女神,拿破仑总是不吝啬赞美。

情人眼里出西施,在拿破仑眼中,他的妻子约瑟芬是天下最有魅力的女人,他用尽了一切华美的、无与伦比的词语去赞美她。拿破仑在行军中给约瑟芬写信说:"我从没想到过任何别的女人,在我看来,她们都没有风度,不美,不机敏!你,只有你能够吸引我,你占有了我整个心灵。"他有一次甚至在约瑟芬耳边以哀求的语气说:"啊!我祈求你,让我看看你的缺点;请不要那么漂亮、那么优雅、那么温柔和那么善良吧;尤其是再不要哭泣,你的泪水卷走了我的理智,点燃了我的血液。"

赞美,对别人是温暖;赞美,对自己是文明;赞美我们共同的生活,你会感觉更加幸福。

赞美要恰如其分

在生活中,并不是人人都有好的口才,他们的赞美因此往往"美"不起来,这种人的赞美越慷慨,越会让人感觉毫无诚意、不负责任、不真实。这种太泛太滥的赞美,常被人认为虚伪、矫揉造作,甚至有溜须拍马的嫌疑,不能打动对方,反而使人对他顿生反感。

有一个故事,有一个叫小语的女孩,一天朋友们到她家玩。小语妈妈对人非常热情,同这些当年的"小毛头"亲切地交谈起来。她们告诉她大家都大学毕业了,联系的工作也不错。小语妈妈眼里流露出既高兴又羡慕的神色,摇着头叹息说:"你看你们,都是多好的孩子啊!一个个花言巧语的,到哪都受人喜欢。

中篇　会说话的女人用心计赢得气场

俺那个小语,不会来事,不会说话,到现在还没找到工作呢。"

一句话让小语的这些朋友笑也不是,怒也不成。老太太本来是好意,想夸奖她们一下,但用了一个"花言巧语",意思却来了个一百八十度的大转弯。

好的口才是建立在有深厚的知识基础之上的,没有渊博的知识为依托,也就不会有高水平的赞语。别林斯基曾说:"不学无术之大吉大利能贬低名副其实的赞美,不学无术所夸赞的,算不得是赞美。"没有相应的知识,也就不能全面地了解一个人的优点和伟大,不会深刻地认识一件事情的意义和影响。

好的口才还要依赖于丰富的社会阅历和实践经验。日常生活中,细心的人会认真地观察别人是怎么赞美的,仔细咀嚼一下别人的语言,看看能否想出更高明的赞语。

只有具备好的口才,你才能巧妙地打出潜藏于心底的暗语,使你的赞美成为所有声音中最甜蜜的一种,你也必将成为大受欢迎的人。

实事求是的赞美应该是恰如其分的,既准确,又具体;既不空泛,又不夸大,且所要赞美的事情并非一定是较为轰动的大事。即使是一个微不足道的优点,也应给予恰如其分的赞美。

小林在一家翻译公司工作,听说外国人均喜欢听到别人的赞美,女士尤为显著。她们不仅渴望听到别人夸其漂亮,还渴望别人称其有气质。因此,他便尝试着赞美别人。

一次,在与客户商谈业务的过程中,迎面走来一位较为肥胖的妇女,他习惯性地对这位妇女说道:"女士,你简直太漂亮了!"令他感到出乎意料的是,这位妇女却狠狠地瞪了他一眼,满腹怨气地回应道:"先生,你是否由于离家太久而感到空虚寂寞了?"

赞美的目的是出于对被赞者的一种肯定与欣赏,使其能够从我们的话语中领会到这些真正的内涵,但若赞美不当,就如同隔靴搔痒,不但起不到较好的作用,反而会引起对方的反感。小林的赞美显然就有些虚伪,令女士感到十分别扭。

在人类的本质中,最殷切的需求便是渴望被肯定。被人肯定是一件令人愉悦的事情,恰如其分的赞美不仅能够使被称赞者感到世间的温馨,还能使其体会到他人的理解。在美丽的世界上,一片落叶是美的,一朵香花是美的,即使是最为平凡的小草,也会在无形中为我们增添绿的享受……只要我们善于发现,就会领略到值得赞美的一切。

当我们恰如其分地赞美对方时,就会加倍铸就他们的自豪感。这不仅是一种有效的感化方法,还是优化人际关系的关键所在。

赞美要运用策略。可以以点代面,这样更显得不露痕迹。

赞美的话语仿佛是一把双刃剑,若实事求是地赞美,则能增进不断交往中的人际关系;但浮夸性地进行赞美,不仅会使被称赞者误认为你过于虚伪或别有用心,还会使你由此深受他人鄙视而影响正常的人际交往。

虽然每个人均爱听赞美的话语,但并非任何赞美之语均能使人感到愉悦。因此,在赞美一个人的时候,既要做到实事求是,又要运用一定的策略性手段。只有别出心裁地进行赞美,才能起到较好的功效。

恰如其分是赞美他人的第一要则,既要避免虚情假意,又要切忌为别人戴"高帽子"。在现实生活中,如果称赞一位不足40岁的女士"显得如此年轻",还算说得过去,但若恭维一位气色不佳的90岁老太太,则有些过于做作;如果称赞一位天生丽质的姑娘"美丽漂亮",无可厚非,但若称赞相貌平平的女孩"美若天仙",则是哪壶不开提哪壶……尺有所短,寸有所长,真正的十全十美是不存在的,既没有完美的事物,也没有完美的人。因此,在赞美别人长处的同时,应做到恰如其分,不要弄巧成拙。

中篇　会说话的女人用心计赢得气场

赞美的话要大声说出来

一位心理学家说:"赞赏是对一个人价值的肯定,而得到你肯定评价的人,往往也会怀着一种潜在的快乐心情满足你对她的期待。这在心理学上叫作赞赏效应。"当你对某个人有意见或准备指责他的时候,你不妨试一下赞赏,首先看看你想责备的那个人,还有哪些值得敬佩和赞赏之处,然后真诚地表达出来,把你对他的批评或责备变成一种你对他的期待,并让他感到自己是一个值得你所期待的人,你一定会收到比预想的要好的交际效果。

在现实生活中,能够得到赞美或能够真诚给予赞美的人还很有限,有的人想得到别人的赞美,却又对别人很吝啬,人们往往对自身的这种心理需求产生误解。认为赞美与奉承同义,而奉承即是献媚,献媚便是有辱自己的人格,会受到人们的唾弃。有的则自视清高,目中无人,觉得别人都是凡夫俗子,谁也不如自己。于是乎,即使周围存在许多美好的人和事,也不愿加以赞美。

其实,奉承和赞美两者之间有着本质的区别,我们反对做虚伪奉承的人,不说言不由衷的话。我们提倡真诚的赞美,提倡对真、善、美的讴歌。

工作和生活中,赞美可以令别人愉快,自己也会因此受益。

张海迪曾应日本友人之邀,赴日参加特意为她举行的演讲音乐会。张海迪面对台下一个个热情的日本朋友,第一次在这样的场合用自己学来的日语做自我介绍,并唱了几首自己创作的歌曲。在她讲完之后,多么需要赞许、鼓励和褒扬啊!这时,主人之一、日本著名作家和翻译家秋山先生上来把她紧紧抱住,连声称赞说:"讲得太好了!"台下的许多朋友也大声说:"讲得太好了,我们全部听懂得!"一字字,一句句吐露了日本友人内心深处真情的话语,这是多么大的鼓舞啊!

这简短的几句赞美,犹如雪中送炭,使张海迪增强了自信心,认识到自身的价值,造成一种和谐的气氛,把演讲音乐会推向高潮。

喜欢听好话、受到赞美是人的天性之一。每个人都会对来自社会或他人的得当赞美而感到自尊心和荣誉感得到满足。而当我们听到别人对自己的赞赏,并感到愉悦和鼓舞时,不免会对说话者产生亲切感,从而使彼此之间的心理距离缩短、靠近。那么此时若抓住这个时机求人办事,往往是事半功倍。

美国商界中,年薪最早超过100万美元的管理者叫查尔斯·斯科尔特。他在1921年被安德鲁·卡耐基选拔为新组建的美国钢铁公司的第一任总裁,而当时他只有38岁。由于当时没有个人所得税,人们收入水平普遍较低,因此这100万美元的价值相当高。

为什么查尔斯·斯科尔特能够获得如此高的年薪呢?他是天才吗?当然不是,查尔斯·斯科尔特亲口说过,对于钢铁怎么样制造,他手下的许多人比他懂得还要多。

查尔斯·斯科尔特说,他能够拿到这么多的年薪,是因为他知道跟别人相处的本领,知道办事的诀窍。他说那只是一句话,但这句话应该锲在全世界任何一个有人住的地方,每个人都要背下来,因为它会改变我们的生活,会提高我们的办事能力。他说:"我认为,我那些能够使员工鼓舞起来的能力,是我拥有的最大的资产。而能够让一个人发挥出最大能力的方法就是鼓励和赞美。"

因为,只要是人,就都希望获得别人的赞美。没有人喜欢遭到别人的指责和批评。同样的道理,在办事的时候,你要与人打交道,那么赞美别人就是你求人办事的诀窍所在。

赞美可以给平凡的工作带来温暖和快乐,可以给人们的心田带来雨露甘霖,给人带来鼓舞,赋予人们一种积极向上的力量。从这个意义上说,赞美不仅能增强人们的自信心,还具有延长生命的功能。心理学家认为:使一个人发挥最大能力的方法是赞赏和鼓励。在生活中,大多数人希望自身的价值得到社会的承认,希望别人欣赏和赞美自己。美国一位哲学家曾说:人类天性中都有做个重要人物的欲望。

这是人类与生俱来的本能欲望。人类天生有一种被人称赞的强烈愿望。所以,能否获得赞美,以及获得赞美的程度,便成了衡量一个人社会价值的标志。每个人都希望在赞美声中实现自身的价值。所以,一个聪明的女人要学会赞美,并且要把赞美的话大声地说出来。

赞美一定要因时而异

赞美要因时而异,行体适可而止的赞美,不仅有"美酒饮到微醉后,好花看到半开时"的意境,还能起到更大的作用。譬如,当别人计划做一件有意义的事情时,开头的赞扬能够激励他下决心做出成绩,中间的赞扬有益于他再接再厉,结尾的赞扬则可使其"百尺竿头,更进一步",从而达到"赞扬一个,激励一批"的效果。因此,赞美一定要因时而异。

适时赞美别人。如果你能够在合适的时机赞美别人,使语言像花儿一样艳丽,别人的心坎由此绽放芬芳,猛然间你就会发现：原来自己是一位了不起的魔术师，竟然能使生活的天空变得如此晴朗、如此灿烂。

一位女孩子，由于她没有较高的学历，在找工作期间处处碰壁，最终好不容易在一家公司找到一份上门推销的工作。然而，令她感到出乎意料的是，看似简单的推销工作却是如此难做。在上班的第一天，虽然她不厌其烦地敲开了近60户人家的大门，但绝大多数均是将其拒之门外。她不想放弃这份工作，于是便自我安慰道："明天或后天，我一定能够将产品推销出去……"可是，现实却是事与愿违，第二天、第三天……半个月过去了，她依然无所收获。

又一早上，当她继续奔走，拜访了一家又一家，却一如既往地遭受冷漠与拒绝后，她深感自己并不适合这份工作，于是便决定倘若下午再没有推销出去任何产品，便放弃此份工作。

当她又一次忐忑不安地敲开一户人家的房门时，开门的是一位白发苍苍的老爷爷。他看到这个年轻人满脸沮丧地站在门口时，并没有像他人那样冷漠地马上关门，而是热情地招呼她进屋，并为她倒了杯开水。

虽然这个女孩那天并没有卖出一件产品，但她却因老人的善良而放弃了辞职的想法。她情不自禁地向老人诉说了这些天的工作，老人并没有多劝她什么，而是对其称赞道："年轻人，虽然你没有推销出任何产品，但是你非常敬业，凭借这一点，你也会有出人头地的那一天。"

从老人家出来后，刹那间年轻人辞职的念头被抛于九霄云外，那一句简单的赞扬话语"你非常敬业"深深鼓励着她，加之她后来的努力，这位年轻人终于打开了局面，业绩日益增长。两年以后，她凭借自己的出色表现而被晋升为市场部经理。三年之后，她离开那家公司，毅然开始自己创业。

正是由于老人在关键时刻赞美的话语，才使她重新燃起了推销的希望；正是由于老人对她辛勤付出的肯定，才使她赢得了最终的成功。

倘若老人也和大多数人一样,将女孩拒之门外,那么世界上就会少了一个优秀的推销员。由此可见,一句适时的赞美,能够使人们从困境中重新振作,逆境中的赞美比正常状态下的赞美更能体现其最大效果。因此,当他人身处困境时,不要吝啬赞美的语言,而应诚心地赞美他人,从精神上给予其一定的鼓舞。

及时赞扬得人心。赞美是对良好行为的反馈,而反馈必须及时才能起到积极的作用。一个人在完成所分配的工作后,总渴望了解自己的工作效果与社会反馈情况,而人们只有通过了解反馈信息,才能对自己的行为进行更好地巩固调节,从而做到扬长避短。因此,作为一个领导,既要掌握一定的赞美艺术,又要及时对下属进行赞扬,只有这样,才能激励下属的热情。

有一家销售公司,其销售部经理接二连三地进行更换,原因就是业务员总是抱怨公司分配的任务量太大,已经远远超出他们的推销能力。然而,销售部经理却认为这并非他们的责任,而是公司所分配的任务,必须无条件地执行。虽然销售部的经理一换再换,但这个矛盾始终不能得以解决。后来,这家公司又招聘了一名经理,与其他经理不同的是,这位经理上任后,并没有分配任务,而是对市场状况与业务员工作情况逐一了解。

在不断了解的过程中,她发现前任经理与业务员之间的矛盾:双方从来没有心平气和地在一起谈过心,反而是相互抱怨居多。

掌握此情况后,新任经理通过与上司进行沟通,对业务员的月任务量进行下调,并在每月的业务员会议上,先对每个业务员的业绩给予一定的赞扬。即使只是点滴的进步,她也会郑重其事地表扬一番。有时亲临市场视察,见到某个区域的业务员时,她总会赞美地说道:"你辛苦了,你的工作做得十分不错,望再接再厉。"

渐渐地,公司的情形发生了变化,业务员的抱怨渐渐减少,每个月的工作任务也能按质按量地完成甚至超额完成。事实上,与以前相比,他们的工作量只是略有减少,但大部分的业务员却能完成,而不像以前那样,每个月近一半的业务员均完不成任务。

在这位经理任职的两年时间内,这个公司的销售市场逐步扩大。由于任务完成得较为出色,这位经理不仅受到上司的极力称赞,还得到业务员的高度认可。

其实,这位经理之所以能取得这样的成绩,就是因为她懂得适时地赞美自己的下属,使他们能够从赞美中获得工作的动力。

一位成功人士曾经这样说过:"在现实生活中,有许多人习惯于骂人或警告人,如果能够反过来称赞他人,反而会使其更有信心,更容易发挥潜能。"因此,对于一名领导而言,若要在你的部属中树立威信,得到他们的认同,就要学会适时赞美他们。不仅仅只是领导应该如此,每个女人都应该这样,当你看到值得赞扬的人或事情时,一定要及时地给予称赞,使赞美能够发挥其最大作用。

第三章
会说话的女人有分寸
——聪明的女人心里有谱

聪明的女人懂得把握说话的火候,就是要把握说话的分寸,说话的分寸拿捏得好,很普通的一句话,也会平添几许分量,话少又精到,给人感觉深思熟虑。而说话的分寸决定于你谈话的对象、话题和语境等诸多因素的需要。换句话说,要言之有度。绝不能不分对象、不分场合乱说一通。

聪明的女人说话懂分寸

把握好说话的分寸,要掌握说的时机,不能口无遮拦、信口开河。《三国演义》中的"杨修之死",就是这方面的一个反面典型。杨修作为曹操身边一个直接参与机密要务、总领营帐诸事的行军主簿,在战事失利的紧急情况下,口无遮拦,自作聪明地从"鸡肋"口令中随意妄猜,并在军中肆无忌惮地散布消极言论,最终落得个被曹操以"乱我军心"罪处死。

今天,再度品味这个历史故事时,我们虽佩服杨修的知人论世,但更多是为他空有真才实学、说话不注意分寸、乱说瞎说招来"杀身之祸"而惋惜。

汉代著名丞相萧何有一次向汉高祖刘邦请求将上林苑中的大片空地让给老百姓耕种。上林苑是一处为皇帝游玩嬉戏打猎消遣的大片园林。刘邦一听萧丞相居然要缩减自己的园林,不禁勃然大怒,认为萧何一定是接受了老百姓的大量钱财,才这样为他们说话办事的。于是萧何被捕入狱,同时被审查治罪。当时的法官廷尉为讨好皇上,只要皇上认定某人有罪,廷尉不惜用大刑使犯人服罪。就在这紧要关头,旁边的一位姓王的侍卫官上前劝告刘邦说:"陛下是否还记得原来与项羽抗争以及后来铲除叛军的时候?那几年,皇上在外亲自带兵讨伐,只有丞相一个人驻守关中,关中的百姓非常拥戴丞相。假如丞相稍有利己之心,那么关中之地就不是陛下的了。您认为,丞相会在一个可谋大利而不谋的情况下,去贪百姓和商人的一点小利吗?"

简单几句话,句句击中要害,分寸合适。刘邦深有感触,终于认识到自己的鲁莽,对不起丞相的一片诚心,感到非常惭愧。

于是当天便下令赦免萧何。

谈话中,要注意不要议论别人的短处,提及自己和对方都很熟悉的第三者,此时千万不要谈论第三者的短处,因为这会给对方留下不好的印象,会担心你背后也许会议论他的短处,从而对你采取戒备心理。

一天,刚参加工作的李叶被派到外地去出差。在车厢内,她碰到一位来华旅游的英国姑娘,对方很热情,主动向李叶打了一个招呼。正所谓"礼尚往来",如果不与对方寒暄几句,实在显得不够友善。于是李叶便操着一口流利的英语,大大方方地随口与对方聊了起来:"小姐,你今年多大岁数?"不料对方面露愠色,答非所问地予以搪塞:"你猜猜看。"李叶转而又问:"到了你这个岁数,一定结婚了吧?"这一回,那位英国小姐居然转过头去,再也不搭理她了。一直到下车,她们两个人也没有再说上一句话。

李叶与那位英国姑娘话不投机,主要是因为她在交谈过程中向对方提出不恰当的问题,这些问题在国外纯属不宜向人打探的个人隐私。按照常规,对方是有权利拒绝回答的。

无论是口头表达,还是文字描述,都是说话的基本方式。生活中,精辟的见解往往受人欢迎,泛泛空谈则容易招人生厌。实践证明,正确把握好说话的分寸,能够给自己增添魅力、赢得更多走向成功的机会。

把握好说话的分寸,关键是要说在理上。无论在什么时候,什么地方,有道是"有理走遍天下,无理寸步难行"。周恩来总理在"说话"上为我们树立了典范,至今让人记忆犹新。有一次,周总理在会见记者时,一个西方记者不怀好意地问总理:"在你们中国,明明是人走的路为什么却要叫'马路'呢?"周总理不假思索地答道:"我们走的是马克思主义道路,简称马路。"周总理的妙语回答,既维护了国家尊严,又巧妙地变被动为主动。

女人说话要把握好分寸,不要人云亦云。如果人家说东,你就说东,人家说西,你也跟着说西。没有调查就没有发言权,切不要人云亦云。这样会失去别人对你的信任,同时,也体现了你自己没有主见。

更不要学"王婆",自卖自夸,一句自卖自夸的话,往往是一颗丑恶的种子,一旦由你口中播入他人的心田,便会滋长出令人生厌的幼芽。所以,和陌生人初次交往时,应该保持谦逊的态度。

也不要啰里啰唆,一锅豆腐磨不完,啰里啰唆招人烦。如果你总是拿一件事情翻来覆去地说,会使人感觉乏味。一个词、一件事不管多么新鲜诱人,若出现过频,就会大失光彩。

身为女人说话一定要注意分寸,一定要三思而后说,这样才能说出水平。

开玩笑要注意尺度

生活中我们都喜欢开玩笑,但是开玩笑要有个度,度是一个标准,一个界限,超越度的玩笑可能造成误解、厌烦、反感甚至仇恨。因而开玩笑是否有分寸、恰到好处,对一个处世之人至关重要。

张聪和赵运是好朋友,张聪的老婆与赵运的老婆也是好朋友。有一天,张聪的老婆神秘兮兮地对赵运的老婆说:"我和你老公好上了。"赵运的老婆笑笑说:"我老公那么忠诚,你别扯淡了。"张聪老婆说:"你不信?那我告诉你,你老公屁股根上长着一颗黑痣。"赵运的老婆听后掉头就走,回去就和她老公吵了一场!她老公生气地问:"你发什么神经啊?"赵运的老婆怒道:"你干的好事!"然后告诉他缘由。老公委屈,拉着老婆怒气冲冲就来到张聪家。

张聪的老婆听完诉说后充满歉意地说:"我跟你开玩笑呢,我也是听我老公说的,那天他们俩结伴洗澡,我老公看到了,回来和我说了。我想跟你开个玩笑,没想到玩笑开大了,实在对不起!"赵运夫妇这才重归于好。

玩笑能增添生活和工作的乐趣,能让人心情愉快,促进人的身心健康,所谓"笑一笑,十年少"由此而来。玩笑能让语言充满生机,玩笑能让交流通畅顺达,玩笑能拉近彼此间的距离,玩笑能化解生活中的矛盾,玩笑益处多多,优势多多。但是,开玩笑开得不好,则会适得其反,伤害感情,因此开玩笑要掌握好分寸。

开玩笑应该要注意下面几点:

首先,内容要高雅,笑料的内容取决于玩笑者的思想情趣与文化修养。内容健康、格调高雅的笑料,不仅给对方以启迪和精神上的享受,也是对自己美好形象的有力塑造。钢琴家波奇一次演奏时,发现全场有一半座位空着,他对听众说:"朋友们,我发现这个城市的人们都很有钱,我看到你们每个人都买了二三个座位的票。"于是这半屋子听众放声大笑。波奇无伤大雅的玩笑话使现场气氛顿时活跃起来。

其次,态度要友善,与人为善,是开玩笑的一个原则。开玩笑的过程,是感情互相交流传递的过程,如果借着开玩笑对别人冷嘲热讽,发泄内心厌恶、不满的感情,那么除非是傻瓜才识不破。也许有些人不如你口齿伶俐,表面上你占到上风,但别人会认为你不能尊重他人,从而不愿与你交往。

再次,行为要适度,开玩笑除了可借助语言外,有时也会通过行为动作来逗别人发笑。有对小夫妻,感情很好,整天都有开不完的玩笑。一天,丈夫摆弄鸟枪,对准妻子说:"不许动,动我就打死你!"说着扣动了扳机。结果,妻子被意外地打成重伤。可见,开玩笑千万不能过度。

另外,场合要适宜,美国总统里根一次在国会开会前,为了试试麦克风是否好使,张口便说:"先生们请注意,五分钟之后,我将对苏联进行轰炸。"一语既出众皆哗然。里根在错误的场合、时间里,开了一个极为荒唐的玩笑。为此,苏联政府提出了强烈抗议。总的来说,在庄重严肃的场合不宜开玩笑。

最后,对象要分清,同样一个玩笑,能对甲开,不一定能对乙开。人的身份、性格、心情不同,对玩笑的承受能力也不同。对方性格外向,能宽容忍耐,玩笑稍微过大也能得到谅解。对方性格内向,喜欢琢磨言外之意,开玩笑就应慎重。对方尽管平时生性开朗,假如恰好碰上不愉快或伤心事,就不能随便与之开玩笑。相反,对方性格内向,但正好喜事临门,此时与他开个玩笑,效果会出乎意料的好。

不要背后说人长短

俗话说"金无足赤,人无完人",每个人都有长处,也有短处。作为一个聪明的女人千万不要在他人背后说长道短。

与人交谈目的在于沟通,在这一过程中,要力求避免因说话不当而使人际关系变得紧张。所以,说话出口前应该先为听者想一想,不要以言语伤人。不可知道了别人的一点点短处就逢人宣扬。宇宙之大,谈话的资料取之不尽,何必一定要把别人的短处当作话题,把自己的快乐建立在别人的痛苦上呢?

首先你要明白的一点就是,你知道的关于别人的事情不一定可靠,也许另外还有许多隐衷不是你所熟悉的事实。如果你贸然拿你所听到的片面只言宣扬,不是颠倒是非,就是混淆黑白。话说出口就收不回来了,一旦事后你彻底地明白了真相,你还能进行更正吗?有这样一个例子:

"小李借了小张的钱不还,存心赖账,真是卑鄙。"昨天你对一个朋友说,这话是从小张那听来的,他当然站在自己的立场说话。人都是觉得自己是对的,当然不易把话说得很公正。如果你有机会见到小李,他也许会告诉你,他虽然借了小张的钱,但有房屋契约押在小张那里。因为自己一笔钱被别人耽误了,到期不能清还,只好延长押期。当初小张表示若有需要延长押期时,随时可以延长押期,而今小张急于拿回现款,小李一时无法立刻付清,既然有抵押物,就不能说他是赖账。

事实上人与人之间的关系大半都是比较复杂的,你若不知内幕,就不要信口开河。

与他人的谈话中尽量多谈对方的长处,极力避免谈及对方的短处,这样所产生的效果也是截然不同的,避免谈及他人的短处容易与他人建立起感情,形成融洽交谈气氛。

好谈他人短处的人最容易刺伤他人的自尊心,打击人家某方面的积极性,还会引起他人的讨厌。不小心谈别人短处的人,虽无意刺伤他人但很难想象人家怎样理解你的用意和对你所做出的反应,一般来说容易引起别人的误解与不满。

现实生活中有一种人,专好推波助澜,把别人的是非编得有声有色,夸大其词地逢人就说。不知道世间有多少悲剧由此而生。虽然你不是这种人,而一旦谈论别人的短处时,也许你在无意之中就种下祸患的幼苗,而它要滋长到怎样的程度,并不是你所想象的那样。

人们都说女人最爱谈论别人是非,其实男人当中也不乏这种人。如果你茶余饭后要找谈话的资料时,则天上的星河,地上的花草,无一不是谈话的好题目,不必一定要说东家长、西家短,才能消遣时间。殊不知,说别人的短处,说不定就是自己的短处。

明朝汉洲有位王生,喜欢指责他人的过失,邻居死了儿子,他呵斥说:"因为你造恶深重,所以有这种果报。"不久他的两个孩子都病死了,邻居反讥他:"你造恶是不是更深重呢?"又有一次,他的族兄考试名列四等,王生指责说:"你文章写得实在荒谬,怎么有希望优取呢?"不到一年,他自己考试名列五等,族兄反讥他说:"我想兄弟的文章是不是更荒谬呢?"

这个故事告诉我们骂人者常被人骂,责人者常被人责,我们指责别人时,先要看看自己,自己也不是完人,有哪一处不可以被人指责呢?既能指责别人的过失,自己满身过失为什么不会被别人指责？骂人者反遭人骂，要想人不骂，只有不骂人。

　　孙文懿公既矮小又丑陋，县令李昭言嘲笑他说："像你这般人物，世上能有几个？"这一年，孙文懿公以第三名考中了科第，不久执掌选拔官员的职务。这时候，李昭言正好是以候选人的身份等候调遣，孙公笑着说："没想到你的那句话，终于成了好兆头！"李非常惭愧，就辞官回家了。

　　所以，今天职位在上的时候可以说别人短处，明天在下怎么办呢？今天有钱时可以说他人的短处，明天做乞丐时，又怎么办呢？世事无常，我们说他人的短处，觉得比别人高，可是一旦失去名位、财富时，不遭别人骂吗？换一角度来看，众生有一处短，你还没看到他有一百处长，一处你超过他，你没想到有九十九处还不如他，所以不能轻视任何人，常常要觉得不如人家，这样就不容易犯指责人的毛病。

　　女人们，如果你们想要成为一个受欢迎的人，最好是自己定下一条戒律：除了颂扬别人的美德，永远不要用议论别人的短处来玷污你的口、玷污你的人格，否则的话你将永远找不到一个愿意和你接触的朋友。如果是别人向你说某人的短处，千万不要就表面地观察便在背后批评人家，除非这是好的批评。

切勿哪壶不开提哪壶

　　我国有句俗语叫作"哪壶不开提哪壶"，大意是说一个人由于没有眼力见儿，忽略了对象的感受而说了不该说的话，或做了不该做的事，从而引起了对方的反感，导致意外的糟糕结果。常态来说，人们每天在狭小的家庭居室、办公室、学校、公共交通工具、商场、道路等空间上摩肩接踵，一举一动，一言一行，都是联系彼此的纽带,如果这条纽带上充满了误解、抱怨,充满了忧郁、绝望,那么,纽带两头都会是受伤的人。

所以,我们在日常沟通中千万要注意,不要哪壶不开提哪壶。为免失礼,我们要学会将那壶没开的水煮开。

张晓庆男朋友的妈妈患了晚期肿瘤,她去看望时说:"阿姨,你不要多想,好好休息,一定会好起来的。"这些话听起来没错,但患者觉得自己的病情好像更严重了。也不要说:"多吃点好的。""你还想要什么,我们给你买。"这样好像感觉患者将不久于人世了。"最近精神状态还不错,手术还成功吧。"这时候不适宜谈论病情。"别担心,没事的,会好起来的。"这样的话患者听起来会觉得病情很严重。

有些不恰当的言语会加重病人"我是病人,我将不久于人世的"的心理。所以,对于重病患者说话重要的是分担其痛苦和给予精神上的支持。

我们应该分担患者的痛苦,比如握手,托住患者的手(由于心理支持系统不一样,一般是男右女左),轻轻拍,这样让患者觉得你和他(她)是连接在一起的,痛苦也就不是她(他)一个人的痛苦了。给患者讲讲和他(她)同样病情的人治疗康复的例子,给她(他)生存的希望。多说说社会上的见闻,转移患者的注意力,谈谈患者生病之前的爱好和兴趣。

失去亲人让人会产生内疚感,与死者的关系越亲密,痛苦会越深。居丧者会觉得自己未好好照顾亲人而痛苦、自责,尤其是没有见到逝者的最后一面,更有深深的内疚感。这时不要说:"不要难过,人死不能复生,往好处想吧。"不要对居丧者指手画脚,比如"你不应该那么想""你怎么能那么做呢?""你还有谁谁要去照顾,你不要伤心啊"。这样会加重患者的负担感。

对于失去亲人的人,我们应该陪伴在其身边,轻轻拉住其手,告诉他(她)"假如亲人还活着,看到你这样悲伤,一定也很痛苦"。让居丧者表达其引起内疚的行为和事件,帮他们分析是否已经尽力了。

据说,上海人探望患者的时候不送苹果。因为在上海话里"苹果"和"病故"音近。南京人结婚时不送伞,因为"伞"和"散"音近,怕引起"夫妻离散"的联想。天津人不送鞋,也不送钟(好像很多地方都有这习俗),因为"送鞋"和"送钟"容易引起"送邪"和"送终"的误解。当然你想送鞋的话,可以送布鞋。因为布鞋就是"不邪"。

如果在湖南常德地区喊少女为姑娘,会被认为是调戏妇女,因为那里的"姑娘"是"妻子"的谦称。

如果在天津,老者称年轻姑娘为大姐,而姑娘会心安理得。这些你一了解就知道,这是当地习惯的礼貌称呼。

各地都有忌讳,这些是当地文化长期留下来的"集体无意识",最好不要触及敏感的忌讳。所以,有必要"入大庙,每事问"。

由于种种原因,有些话是不能随便说的,这就需要用近义词或同义词来代替比较好。譬如人们把"拉屎"说成"大便""上厕所""方便"或"解手",这样就高雅一些。一般对妇女怀孕称为"有喜了"。

忌讳里有习俗和当地人相应的心理反应。这里虽有些封建迷信"痕迹",可是为了礼貌和尊重他人起见,"入乡随俗"还是好的。

在生活中,聪明的女人千万不要在交谈中揭人家的伤疤,哪壶不开提哪壶。

第四章
会说话的女人会倾听
——聪明女人不会捂着耳朵

倾听的含义不只是用耳朵去听,而是用心灵去感悟、去聆听。它不是单方面的听取,而是一种交流,是感情与感情、灵魂与灵魂的共鸣。在倾听中我们可以体会到生命的真谛,聪明的女人请学会倾听吧!倾听,让我们学会语言,学会交流;倾听,让我们更深入地了解这个缤纷的世界;倾听,让我们拥有更多的朋友。

女人要会倾听

当我们面对一个人的时候,要把他当成世界上最重要的人物,每一个成功的女人都知道,成为一个好的倾听者,其效用难以估量,有技巧地倾听别人讲话的能力是建立积极人际关系的基础。

语言的交流总是导致思想的碰撞与融合,这碰撞融合又会产生新的更耀眼的火花。不管是在当下,还是在日后,曾经震撼过心灵的思想或情感的声音,会像无意间遗落的种子,一旦时机成熟,便会使劲抽出嫩绿的叶芽。

倾听别人谈话时,感觉自己像春天里一块松软有隙的麦田,他人的谈话则像长长的溪水,携带着青草的甜香汩汩渗入其间。

倾听别人谈话,是获得某种知识、经验和思想启迪的机会。所以,要做一个好的表达者,也必须要先学会做一个好的倾听者。

现代社会中人人都要勇于开口,大胆说话。然而没有把握好分寸,那就只能适得其反,弄巧成拙。为了保证说的每句话为人所重视,不惹人讨厌,唯一的方法就是少说话,多静下心来思考,耐心地倾听别人说话,做一个好的倾听者。

一个真正好的倾听者,必须做到下面几点:

1. 看着对方的眼睛,认真地、欣赏地、有兴趣地倾听。

2. 对方说话,及时表示称赞。当对方听到你的称赞时,会增添一份自信,因此就能更准确地表达自己的意思。反之,如果你态度消极,对方就会不信任你。

3. 尽量不要插话,如果插话,也是为了让对方更有兴致地描绘。且插话时,懂得尊重与礼貌。

4. 莫逃避交谈的责任。作为一名有素养的倾听者,就算不明白别人说的话,也会用最好的方式让对方明白这一点儿,例如,适当追问,或者让对方帮你纠正听错之处,如果你在对方说话时,全是哑口无言,我想:他(她)是不会明白你不懂之处的。

5. 倾听对方后表述自己的感想时,即使意见相左,也应该懂得尊重对方,结论有理有据,有说服力,让对方认为与你沟通非常愉悦且有学习的机会。

6. 积极主动,密切配合对方。倘若你对对方的话很感兴趣,遇到不明白处可以问一问,不要轻易答非所问,令对方不高兴。

7. 仔细观察对方说话的表情。有时交谈是通过非语言形式进行的,因此,我们除了细听语言,还得细察对方的表情,通过一些简单的姿势好好体会对方的言外之意。

8. 注意及时反馈信息。反馈信息,能够增进友谊,顺便也验证了你对对方的了解程度。

9. 全身心投入,认真倾听,无走神现象。对方与你交谈时,面向说话者,可以用适当的姿势或者手势配合,并且注意时常微笑,营造良好的交流气氛。

10. 以最好的行为回答对方提出的问题。对方之所以要与你交谈,主要是想让你认同他(她)的观点或者改变你的观点,达成共识。你采取的最好行动就是对对方最好的回答方式。

11. 充分理解对方。我们既要理解对方的语言,又要理解对方的情感。

倾听别人说话,在给以对方尊重和安慰的同时,对自己也有许多的帮助,只要注意倾听,我们总会听到我们想听到的声音。对渴望了解与沟通的心灵,没有一种声音是无用的。就像构成旋律的音符,你不能说哪个音符有用,哪个音符没用,关键在于怎样排列；也如色彩，你也不能说哪种色彩是美的，哪种色彩是不美的，关键在于如何搭配。音乐家就是巧妙而敏锐地排列那些音符的人，画家则是独特而智慧地搭配那些色彩的人。通过他们，我们能够感到音符和色彩构成的和谐与美好。因为每一次排列和搭配，无不经过心灵的反复过滤和思想加工。

女人们，一定要学会倾听，这样的女人无疑是最聪明的。

善于倾听是一种修养

乔·吉拉德说："有两种力量非常伟大，一是倾听，二是微笑。"当你和别人交流时，如果我们总是说，就学不到什么东西，人们也只有在全心倾听时才能实现高效的交流。因而，在和他人沟通的时候，让别人说，给人以表达的机会，去倾听他们的意见、悲伤和情感，才能完全理解别人要表达的意思，实现心灵的互动。

向别人诉说，是人的一种天性，听别人诉说，是一种难得的修养。

在生活中，每一个人都需要学会倾听。在人与人的交往中，倾诉是表达自己，倾听是了解别人，达到心灵共鸣。在人与人的沟通中，除了倾诉，我们还应该学会倾听。当一个人高兴的时候，我们要学会倾听。倾听快乐的理由，分享快乐的心情。当一个人悲伤的时候，我们要学会倾听。倾听痛苦的缘由、失意原因，理解倾诉者内心的苦处，表示出怜悯同情之心，淡化悲伤，化解痛苦。当一个人处于工作矛盾、家庭矛盾和邻里矛盾时，倾听矛盾的症结，帮助分析，为其分忧解难……

中篇 会说话的女人用心计赢得气场

倾听具有广泛性,快乐的时候、痛苦的时候、幸福的时候,都需要倾听。学会倾听,能修身养性,陶冶性情;学会倾听,能博采众长,能使人开拓思维,萌发灵感;学会倾听,能养成尊重他人的习惯,缓解矛盾,创造一个和谐的人际关系。学会倾听,是一种爱心,是关怀,是体贴,必将赢得亲情、爱情和友情。

学会倾听就是学会一种美德,一种修养,一种气度。我们不能无休止地吵闹,无休止地争执;不能永远的自以为是"听我讲",要坚持经常的"听大家说"。不仅是对讲话者自己尊严的维护,也是对听者的尊重。

"造物主"给了我们两只耳朵,而只有一张嘴。学会倾听,实际上已经踏上进步的阶梯。

在管理领域,作为一个优秀的领导者,首先应该是一位出色的倾听者,善于倾听,才有人乐于向你倾诉,试想,一位不善于倾听的领导,下属刚一开口,就被一句话给顶了回来,或是听也听了,就是不起作用,甚至给以批评和指责。没有引导鼓励的话语,没有好的思路的指引,没有听见好建议,久而久之,有哪个会没事找事呢?有话也都闷在肚里。反正说了,领导也不听,不了解下属,怎能领导部下呢?又怎能做好工作?可见,学会倾听,善于倾听,对领导如何重要。

对朋友来说,倾听也是特别的重要。当有朋友信任你,把他的苦痛和烦恼吐露给你听的时候,你,要学会倾听,做一个心有风度的听众。

好朋友不是一定要天天喝酒吃饭;好朋友不一定经常挽着手臂逛街购物;好朋友也不一定要高深的学识、俊美的外貌,好朋友就是一个耐心很好的听众,耐心倾听对方欢乐时奔放的声音,痛苦时迷茫的倾诉。

有时候的他不是一定要你帮助他什么,也不是需要你的同情,他只是需要把积压在内心的郁闷找一个人倾诉,得到情感上的认同情绪上的发泄。这时候的你要做个有耐心的听众。不管他说到哪里,你都要用鼓励的眼神看着对方,用你温暖的微笑看着对方,并用你的幽默和聪明安抚他浮躁的心情。

还有一个更好的方法是你握着对方的手给他生活的力量,让他享受友谊的美好,你同时要学会不时的点头表示你在认真倾听,让他感受你对他的重视。相信他不会是无缘无故的漫无目的的找一个闲聊者诉说,而是心情遭遇十分不开心的时候才会这样去做,这时候你要明白自己肩上的责任。

人们都希望自己说话有人听,自己的观点有人赞同,自己的意志有人执行。作为讲话者往往在各种场合中,常常自以为自己讲的问题有多重要,有多大分量,总是以自我为核心,站在自己的立场上来讲事情,谈问题,提要求,殊不知,这样容易造成人们的逆反心理,形成抵触情绪,出现事倍功半的效果。

很多人的痛苦是因为迷茫失落和彷徨,当她找不到自己的心的时候。请你协助他找到。有一个可以倾诉的朋友,是一种福气,会让你压抑的情绪得到缓解和化解。

学会耐心地倾听,让你的朋友得到友爱的支持和生活的信念,并给他点明前进的方向。

向别人诉说,是人的一种天性;听别人诉说,则是一种难得的修养。

当你抱怨朋友太少的时候,你是否考虑过他人的需要和感受呢?只有多体贴他人,用心交流,我们才能得到更多的朋友。要知道,人能说会道固然重要,但善于倾听更为重要,因为倾听是心灵沟通的桥梁。美国总统林肯曾与一位老邻居谈论了数个小时之久,几乎所有的话都是邻居一个人说的,林肯所做的只是诚恳地倾听。这大概就是林肯被人爱戴的原因之一吧。

耳听八方,能使人与时俱进;广纳群言,能使人保持清醒的头脑,更能启迪思维,使人增长知识与才干。当然,这一切的前提就是要学会倾听。智者往往选择做一个倾听者,而不是说话者。打开你的心扉,倾听你的心音;让我们一起倾听智者的声音,一起倾听花开的声音!

把说话的机会留给别人

一个聪明的女人懂得把说话的机会留给别人,她们不多言而善于倾听。

倾听是一个人的本能,我们通过倾听来接受外界的信息;倾听是你了解认识这个世界的重要途径;婴幼儿就是在倾听中渐渐地成长起来。

倾听是一个人知识与智慧的来源,知识的养料会通过声音传送到你记忆的库存里,那是你将来取之可用的知识与智慧的储藏室。

倾听是一种姿态,是一种与人为善、心平气和、谦虚谨慎的姿态。有了这种姿态,就能做到海纳百川、光明磊落、心底无私。

倾听,是一种理解。有人说,倾听就是不断消除误解的过程。倾听,可以增进沟通,促进理解。

倾听,还是一种等待,给孩子机会,不随便打断孩子,也不轻易做出评价,让他们把话说完,把自己的意思表达清楚。在倾听中交流,在倾听中沟通,最终实现教学相长,共创幸福。

倾听多了,你自然而然地可以从中鉴别真伪,去粗取精,去伪存真。渐渐地,你脑海中的真多了,假少了,那么你将成为知识与智慧的大亨。

倾听唠叨絮语。父母亲在儿女面前常常唠叨个不停:要么是天气凉了,当心身体;要么是工作要好好干;要么是问媳妇怎么样,孙子怎么样;要么是提起陈谷子烂芝麻的往事;等等。是的,人老话多,但很多话语是经验之谈,是爱的流露,是情感的释放。长辈们希望有人倾听,如果拒绝,会伤了老人的心。

倾听逆耳之言。你有些坏习惯、小毛病,单位上恐怕没人直说。但在家里,就有人说了。你坐没坐相,站没站相,不讲仪表,母亲就要说你几句;你又吸烟,又喝酒,有时还闹得酩酊大醉,妻子就要管管你了;你不尊老爱幼,在家里惹是生非,可能就要受到家庭成员的指责。

美国前总统布什年轻时喝酒出过一次洋相,受到夫人劳拉的严厉批评,布什从此戒酒,直到现在他一直感谢夫人帮自己戒酒。发自内心的逆耳之言是一种关心、爱护和帮助。忠言逆耳利于行,是清醒剂,是治病良方,是家庭团结的催化剂。

倾听长辈忠告。长辈见多识广,阅历丰富;长辈见贤思齐,希望儿女成才成器;长辈心态平和,唯愿晚辈踏实做人,平安是福。你做官了,长辈嘱咐你要多办好事;你发财了,长辈嘱咐你不要以大款自居;你染上玩牌赌博的恶习,长辈忠告你勤劳是兴家之本。不听老人言,吃亏在眼前。

倾听逆耳之言。人无完人,发自内心的提示与批评是一种关心和爱护,同时也是一种难得的帮助。一个人如果长期听不到上级的逆耳之言,应该反省自己的工作能力;如果长期听不到同级的逆耳之言,应该反省自己的人际关系;如果长期听不到下级的逆耳之言,应该反省自己的工作作风。

倾听群众呼声。胡锦涛在"七一"重要讲话中强调:"群众利益无小事。凡是涉及群众的切身利益和实际困难的事情,再小也要竭尽全力去办。"倾听群众呼声,就是把人民群众的要求和愿望当作执政用权的第一信号。当年毛泽东从边区一个农民发出的一句牢骚话中,反省征粮过多、群众负担太重的问题,及时抓了开展大生产运动和实行精兵简政两件大事,密切了边区干群关系、军民关系,巩固了抗日根据地。今天,各级领导干部更要善于倾听群众呼声,自觉接受群众监督,广开言路,大兴调查研究之风,察民情、解民困,做群众的贴心人。

倾听背后议论。背后议论可能当时听不到,但迟早是要传入你耳中的。听了这种议论,不要急于辩解,重要的是用事实来澄清。红军长征后,陈毅带领部分红军战士留在苏区坚持斗争。由于形势险恶,党的一些经费由几个负责人缠在腰里小心保管着。有些战士不了解情况,便在背后议论,怀疑经费已落入个人腰包。陈毅听后,立即把队伍召集在一起,然后从腰上解下布袋,当啷啷,把金子全部倒在桌上,诚恳地说:"同志们,这是党的钱,只有这么多,是准备特殊情况下应急用的。党要我保管,我一点都没敢乱用。我有责任通知大家,万一我被敌人一枪打死了,尸首可以不要,钱无论如何要拿回来。"从陈毅"倒金"来看,背后议论也是一种很有效的监督方式。背后议论不可怕,各级领导干部应该以自己公开公正的实际行动,消除各种议论。

倾听是你成熟的表现,认真倾听别人的倾述虽是细枝末节,但却体现了你谦逊的教养,能展现你的素质。任意打断别人的谈吐既表现出你对别人不尊重,也暴露出你的素养与品位低下。但在倾听那些狂妄之徒的恶语废言时,你得有耐心,因为那是你认识妄自尊大者的难得机会。

学会倾听你才能去伪存真;学会倾听你能给人留下虚怀若谷的印象;学会倾听,有益的知识将盛满你的智慧储藏室。"听君一席话,胜读十年书",是对智慧的谈吐者与虚心倾听者的高度赞誉;学会倾听别人说话是人生的必修课!

学做一个"听话"高手

在生活中,我们要学会做一个"听话"的高手。

一位顾客在某商店购买了一套西服,由于掉颜色的问题,要求退货。售货员便和他争执了起来。商店经理听到争吵声,连忙赶过去。

由于经验丰富,非常懂得顾客心理,商店经理三言两语便使已经被售货员气得发疯的顾客恢复了使用。经理究竟采取了什么法宝呢?

原来,经理赶到顾客面前后,先是微笑和诚恳地静静听完顾客的抱怨和发泄。等顾客说完,又让售货员说话。当彻底了解清楚争吵缘由的来龙去脉后,经理真诚地对顾客说:"真是万分的抱歉,我不知道这种西服会掉颜色。现在怎么处理,本店完全听从您的意见。"

顾客说:"那么,你知道有什么法子可以防止西服掉颜色吗?"

经理问:"能否请您试穿一周,然后再作决定?如果到时候您还不满意,那么我们无条件让您退货。好吗?"

结果,顾客穿了一周后,西服果然没有再掉颜色了。

怎么去做一位"听话"的高手呢?上面的商场经理,应该给出了一些启示。经理能够让已经暴跳如雷的顾客很快平静下来,关键在于,他能够认真地倾听顾客的不满。

显然,善于倾听无形中起到了褒奖对方的作用。仔细认真地倾听对方的谈话,是尊重对方的前提,能够耐心地听说话者诉说,就等于告诉对方"你说的东西很有价值""你是一个值得我结交的人"。无形中,说者的自尊得到了满足。于是,说者对听者就会产生一个感情上的飞跃,认为"听话"者能理解自己,并欣慰于自己终于找到了一个可以倾诉的机会。如此,彼此心灵间的交流就使得双方的感情距离缩短了。

因此,认真仔细地听说话者讲述,是做好一位"听话"高手的首要条件。

"听话"高手的第二个特征是,能够养成良好的听话习惯。听别人讲话要注意礼貌,要专心致志地听,眼光要和讲话者交流,适当时用表情姿态去呼应对方的讲话。要做一个"听话"的高手,眼光切勿飘忽不定,不要做其他事情和显出不耐烦的样子,不要轻易打断对方谈话或接过话头代下结论。

会说话的人都是会听话的人。自己不想"哇啦哇啦"地说个不停而是洗耳恭听的人是最会说话的人。

在日常会话当中,要做到会听是相当困难的,不要说会听,有的人甚至连互相交谈的最基本原则都做不到。对方一开口,立刻打断对方,自己却长篇大论地讲个不停,等到对方感到不快而索性不说了,他反而认为对方被自己说服了,因而得意扬扬,这样的人还真不少。

通常自己的毛病是不太容易发现的。日常会话是提高讲话艺术水准的舞台。推销人员应留心别人对话中的一些坏毛病,使之成为警惕自己的好材料。

在和对方的谈话过程中会听是很重要的一环,这是博得对方好感的一个秘诀。遗憾的是,不少推销人员急于推销商品,把对方所讲的话都当成耳边风,而且总是迫不及待地在商谈中提出问题或打断对方的话,或申述自己的观点。这些都是不适当的。欲速则不达,如果想使交易成功,顾客长篇大论时是成功到来的有利时机,你应该为此高兴,所以当对方滔滔不绝地说时,应该立刻提起精神来倾听,并不时兴趣盎然地说:"后来呢?"以催促对方继续往下说,要用好像听得出了神的样子去倾听对方的谈话。

对于喜欢说话的顾客,推销人员只要洗耳恭听,他就会笑容满面,高兴得不得了。在这种情况下,当对方关住话匣子时,紧接着很可能说:"就这么决定了,我们订合约吧!"即使签不了合约,他也会很高兴地等待着您的下一次来访。

总之,倾听是一种礼貌,是一种尊敬讲话者的表现,是对讲话者的一种高度的赞美。更是对讲话者最好的恭维。倾听能使对方喜欢你,信赖你。

认真的倾听是一种尊重

生活中每个人都希望获得别人的尊重,受到别人的重视。当我们专心致志地听对方讲,努力地听,甚至是全神贯注地听时,对方一定会有一种被尊重和被重视的感觉,双方之间的距离必然会拉近。

经朋友介绍,重型汽车推销员乔治去拜访一位曾经买过他们公司汽车的商人。见面时,乔治照例先递上自己的名片:"您好,我是重型汽车公司的推销员,我叫……"

才说了不到几个字。该顾客就以十分严厉的口气打断了乔治的话,并开始抱怨当初买车时的种种不快,例如服务态度不好、报价不实、内装及配备不对、交接车的时间等待得过久……

顾客在喋喋不休地数落着乔治的公司及当初提供汽车的推销员,乔治只好静静地站在一旁,认真的听着,一句话也不敢说。

终于,那位顾客把以前所有的怨气都一股脑儿地吐光了。

当他稍微喘息了一下时,方才发现,眼前的这个推销员好像很陌生。于是,他便有点不好意思地对乔治说:"小伙子,你贵姓呀,现在有没有一些好一点的车种,拿一份目录来给我看看,给我介绍介绍吧。"

当乔治离开时,已经兴奋得几乎想跳起来,因为他的手上拿着两台重型汽车的订单。

从乔治拿出产品目录到那位顾客决定购买,整个过程中,乔治说的话加起来都不超过10句。重型汽车交易拍板的关键,由那位顾客道出来了。他说:"我是看到你非常实在、有诚意又很尊重我,所以我才向你买车的。"

因此,在适当的时候,让我们的嘴巴休息一下吧,多听听顾客的话。当我们满足了对方被尊重的感觉时,我们也会因此而获益的。

我们再看看乔·吉拉德又是怎样用倾听来赢得顾客的。

众所周知,汽车推销员乔·吉拉德被称为"世界上最伟大的推销员"。他曾说过:"世界上有两种力量非常伟大,其一是倾听,其二是微笑。倾听,你倾听对方越久,对方就越愿意接近你。据我观察,有些推销员喋喋不休,因此,他们的业绩总是平平。上帝为什么给了我们两个耳朵一张嘴呢?我想,就是要让我们多听少说吧!"

乔·吉拉德对这一点感触颇深。因为他从自己的顾客那里学到了这个道理,而且是从教训中得来的。

乔·吉拉德花了近一个小时才让他的顾客下定决心买车,然后,他所要做的仅仅是让顾客走进自己的办公室,然后把合约签好。

当他们向乔·吉拉德的办公室走去时。那位顾客开始向乔提起了他的儿子。"乔",顾客十分自豪地说,"我儿子考进了普林斯顿大学,我儿子要当医生了。"

"那真是太棒了。"乔回答。

俩人继续向前走时,乔却看着其他顾客。

"乔,我的孩子很聪明吧,当他还是婴儿的时候,我就发现他非常的聪明了。"

"成绩肯定很不错吧?"乔应付着,眼睛在四处看着。

"是的,在他们班,他是最棒的。"

"那他高中毕业后打算做什么呢?"乔心不在焉。

"乔,我刚才告诉过你的呀,他要到大学去学医,将来做一名医生。"

"噢,那太好了。"乔说。

那位顾客看了看乔,感觉到乔太不重视自己所说的话了,于是,他说了一句"我该走了",便走出了车行。乔·吉拉德呆呆地站在那里。

下班后,乔回到家回想今天一整天的工作,分析自己做成的交易和失去的交易,并开始分析失去客户的原因。

次日上午,乔一到办公室,就给昨天那位顾客打了一个电话,诚恳地询问道:"我是乔·吉拉德,我希望您能来一趟,我想我有一辆好车可以推荐给您。"

"哦,世界上最伟大的推销员先生,"顾客说,"我想让你知道的是,我已经从别人那里买到了车啦。"

"是吗?"

"是的。我从那个欣赏我的推销员那里买到的。乔,当我提到我对我儿子是多么的骄傲时,他是多么认真的听。"顾客沉默了一会儿,接着说,"你知道吗?乔,你并没有听我说话,对你来说我儿子当不当得成医生并不重要。你真是个笨蛋!当别人跟你讲他的喜恶时,你应该听着,而且必须聚精会神地听。"

刹那间,乔·吉拉德明白当初为什么会失去这名顾客了。原来,自己犯了如此大的错误。

乔连忙对顾客说:"先生,如果这就是您没有从我这里买车的原因,那么确实是我的错。要是换了我,我也不会从那些不认真听我说话的人那儿买东西。真的很对不起,请您原谅我。那么,我能希望您知道我现在是怎么想的吗?"

"你怎么想?"顾客问道。

"我认为您非常伟大。而您送您儿子上大学也是一个非常明智之举。我敢确信您儿子一定会成为世界上最出色的医生之一。我很抱歉,让您觉得我是一个很没用的家伙。但是,您能给我一个赎罪的机会吗?"

"什么机会,乔?"

"当有一天,若您能再来,我一定会向您证明,我是一个很忠实的听众,事实上,我一直就很乐意这样做。当然,经过昨天的事,您不再来也是无可厚非的。"

两年后,乔卖给了他一辆车,而且还通过他的介绍,获得了他的许多同事的购买车子的合约。后来,乔·吉拉德还卖了一辆车给他的儿子———一位年轻的医生。

从此以后,乔·吉拉德再也没有在顾客讲话时分心。而每一位进到店里的顾客,乔都会问问他们,问他们家里人怎么样了,做什么的,有什么兴趣爱好,等等。然后,乔便开始认真地倾听他们讲的每一句话。

大家都很喜欢这样,那给了他们一种受重视的感觉,他们认为,乔是最会关心他们的人。

乔·吉拉德对"倾听"作了下面的简单总结,他认为,当我们不再喋喋不休,而是听听别人想说什么时,至少可以从中得到如下好处:

体现了你对对方的尊重;获得了更多成交的机会;更有利于找出顾客的困难点。

第五章
会说话的女人懂幽默
——聪明女人让你从内心里微笑

美国一位心理学家说过:"幽默是一种最有趣、最有感染力、最具有普遍意义的传递艺术。"幽默的语言,能使社交气氛轻松、融洽,利于交流。人们常有这样的体会,疲劳的旅途上,焦急的等待中,一句幽默话,一个风趣故事,不仅能带给别人快乐,更能让自己疲劳顿消,笑逐颜开。聪明的女人学会幽默吧!

做一个幽默的女人

有人曾作过一项这样的调查,针对《红楼梦》众多裙钗中谁是最理想的婚姻对象这一问题,采访了不同阶层的几十位未婚男士。

调查结果出乎人们的意料,林黛玉、薛宝钗几乎无人问津,而大观园里那个出了名的"傻丫头"史湘云却大获追捧。被采访的人中大约有四分之三都选择了她为最理想的结婚对象。问及原因,他们说林黛玉太过尖酸刻薄,而且整日病恹恹,让人爱不起来;薛玉钗太过世故,很难忍受她整日在耳边唠叨"仕途功名";王熙凤势利狠毒,而且比男人还能干,也不适合做老婆;尤三姐虽是女中豪杰,但个性太过刚烈,也会让人吃不消;至于惜春、尤二姐之辈,又太过软弱,毫无主见;而史湘云却没有她们或尖酸或世故或狠毒或刚烈或软弱的缺点,她开朗活泼,既能豪爽地和宝玉开玩笑,又有醉卧芍药花下的优雅。即使偶尔使一下小性子也总是很快就能释然,和她在一起会十分开心又有情趣。这其中,史湘云天生的幽默气质为她提高了不少的人气。可见,幽默对于女人来说可以出奇制胜,甚至可以化腐朽为神奇。

然而在爱情中,女人有时候似乎很难做到幽默。因为时刻保持矜持才是淑女的作风,淑女是从来不会和男朋友插科打诨的。而对于男友的幽默,她也只能淡淡地笑,笑得太大声会有伤大雅。这样的女人走进婚姻后,她们的激情会被每日的柴米油盐渐渐磨光,幽默对于她们来说就是更难得有的心态了,而唠叨和抱怨也会让男人变得避之唯恐不及。

所以，女人要记住，在爱情的精神世界里，幽默是一种丰富的养料，它可以让你的爱情之花开得更加绚烂多姿。

女人的幽默不同于男人，它更多地来自于女人对生活的独特体验和理解，是一种点点滴滴中的智慧的释放。一个懂得幽默的女人，她可能不一定美丽，但却一定充满智慧，而且也必定是善解人意的。

她们懂得用自己的方式化解难堪和苦恼，微笑是她们常用的"武器"；她们懂得生活，懂得用智慧增添自己的魅力。

思思是个很普通的女孩子，容貌不是很漂亮，工作也很普通，但她的男朋友强子却是个典型的"金龟婿"——自己经营一家电子公司。在他们的婚礼上，朋友们都追问强子为什么会爱上平淡的思思。

强子没有直接回答，而是给大家讲了两件事。

发生第一件事情时，他们还不认识。当时思思是一家小型进出口公司总经理的秘书，最主要的工作就是担任接待员，她得应付访客、电话和一些日常性的杂务。

那次，强子打电话到思思的公司找总经理。

"我要和你的老板说话。"

"我可以告诉他是谁来的电话吗？"

"快给我接你的老板，我马上要和他说话。"因为事情很急，当时强子语气有些急。

"很抱歉。我们总经理似乎有点傻，他花钱雇我来接电话，可是十个电话中却有九个是找他的。"

听了这话，强子在电话里笑了，然后他把自己的姓名和单位告诉了她。同时，思思的幽默机智也给他留下了深刻的印象，那时候他就在想，如果有机会一定要认识一下这位接电话的女孩。

第二件事情，发生在他们交往的时候。

一次约会时，在一家幽静的咖啡馆里两人消磨了一个下午的时光。这期间，他们周围来来往往好多帅哥美女，强子难免不盯着辣妹美女看一会儿,但思思却没像一般女孩子那样乱吃醋、乱发脾气,反而很幽默地评价他,"你的品位怎么变差了?"有时候她还会和强子一起对美女行"注目礼",然后心悦诚服地说:"确实是位美女,真让我大饱眼福呀!"她的机智幽默不仅化解了有些略显尴尬的气氛,而且还让强子下定了决心要和她共度一生。

最后强子说,能和这样幽默的女孩子一起生活,那么日子一定会充满欢声笑语。

幽默是一种积极的人生态度,它总是让生活充满了快乐、温暖、爱和希望。著名作家王蒙说:"幽默是一种酸、甜、苦、咸、辣混合的味道。它的味道似乎没有痛苦和狂欢强烈。但应该比痛苦和狂欢还耐嚼。"所以说有幽默,生活会更有味道。

幽默对于女人来说是一种风度,一种优雅,一种大家风范,一种灵魂的修炼,一种自我的美化,一种高层次的人生况味。拥有它,就会拥有一份生命的潇洒与美丽。

一个幽默的女人,也一定是个热爱生活的女人,她会用笑声去感受生活,去化解爱情、事业和生活道路上的一切问题,她身上会散发出一种淡淡的从容,这样的女人,必然自信和优雅,也必然会得到男人的青睐。因为没人会愿意和一个整日愁眉苦脸、忧心忡忡的女人谈恋爱或者生活。

女性朋友们,学会幽默吧,那样你的生活才能富于情趣,才会充满温情、欢悦和幸福。

懂幽默的女人最聪明

幽默可以让我们平淡的生活变得多姿多彩,幽默可以让我们在生活当中左右逢源,幽默也可以让我们成为一个快乐的女人。所以,做女人,一定要有幽默感,不仅能够欣赏别人的幽默,也要自己具有幽默感。一个有幽默感的女人,是一个富有情趣的女人,更是一个富有魅力的女人。

一次,有一个女翻译与士兵们一起开庆功会,在与一个士兵碰杯时,那个士兵由于过于紧张,举杯时用力过猛,竟将一杯酒泼到了女翻译的头上。士兵当时吓坏了,可女翻译却用手擦擦头顶的酒笑着说:"小伙子,你以为用酒能滋养我的头发吗?我可没听说过这个偏方呀!"说得大家哈哈大笑,这令这个士兵对女翻译充满了感激和崇拜。

幽默的女人,说出话来虽让人感到如憨似傻,却因心境豁达,反而令人感受到她朴实的天性和无穷的智慧。如果女人都能拥有一份旷达朗润如万里晴空的心境,她们说的话,也就完全能够达到"无意幽默,但却幽默自现"的境界。

善于使用幽默的女人,她们常常能将不好的情境化为乌有,这实在令人羡慕。

有个女议员发表演讲,在大家都侧耳倾听时,突然座中有一个听众的椅子腿折断了,这个听众顺势就跌落在地面。此时,听众的注意力马上就分散了,女议员见状急中生智,紧接着椅子腿的折断声大声说道:"诸位,现在都相信我所说的理由足以压倒一切异议声了吧?"话音一落,底下立即响起了一阵笑声,随后,

中篇　会说话的女人用心计赢得气场

就是热烈的掌声。

同样,有一次,女议员为准时赶到会场,要求司机开快车。司机既担心她的安全,又怕违章,只好婉言谢绝。女议员急了,命令司机与她调换位置,然后亲自驱车,疾驰如飞。很快,车就被交警拦住了,警官命令警士将违章者扣留。警士到车前查询了一下,然后向警官汇报说:"警官,坐车的是一位要人,恐怕不好查办。"

警官很不满意地问:"那个人是谁?"

"我说不准,警官先生。不过,议员是他的司机。"警士面露难色地说道。

在人际交往中,我们轻松幽默地开些得体的玩笑,可以松弛神经,活跃气氛,营造出一个适于交际的轻松愉快的氛围。而这样做的女人的心中无疑充满了快乐精神。

大家都喜欢听幽默的语言,就像喜欢听动人的音乐、欣赏美妙的文章一样;和乐观的女人在一起,就能时时感受她的幽默带来的乐趣。

懂幽默的女人必定是乐观的,她心胸开阔,哪怕是走到人生的低谷,她也会微笑面对,在她的笑声中,人们可以听出她的希望;一个心胸狭窄、思想颓废的女人是不会有幽默感的;懂幽默的女人必定是开朗自信的,她不一定会向所有的人敞开心扉,但她懂得与人分享她的喜怒哀乐,她不会把事情憋在心中,每天郁郁寡欢,她有一个健康的心态;懂幽默的女人必定是宽容的,她不会斤斤计较,她懂得与人为善。即使别人伤害了她,她也不会与人针锋相对,硬碰硬地拼个你死我活。

人难免有尴尬的时刻,在那一瞬间,我们经常感到自己丢失了脸面,但是有些人却能够用自己的幽默营造快乐的氛围,化解这种尴尬。

南非总统曼德拉是一个富有传奇色彩的领袖,他在很多时候都能表现出自己的幽默和机智。在一次南非总统会议上,曼德拉接受了"卡马勋章",并且作了非常精彩的演讲。他在开场白中说,"这个讲台是为总统而设的,我这个退休的老人今天上台讲话,抢了总统的镜头,我们的总统贝基姆一定不高兴。"话音刚落,笑声四起。

在笑声过后,曼德拉开始演讲,他的讲稿页码突然乱了,他不得不反过来看。这本来是一件非常尴尬的事情,但是曼德拉总统却不紧不慢地说,"我把讲稿的次序弄乱了。你们得原谅一个老人。不过,我知道另外一个总统在一次演讲中也把讲稿弄乱了,但是他却不知道,而是继续往下念。"台下又是一片哄笑声。

幽默是一种态度,最重要的是,幽默能够让人保持快乐。一个有幽默感的人,快乐无处不在。女性朋友如果能够在生活和工作当中懂得用一点幽默,不仅能够化解许多尴尬的场合,还能帮助自己保持一个健康快乐的心态。快乐是需要自己营造的,如果你想得到快乐的话,你就应该有一颗懂得幽默的心。

幽默的女人犯了错也可爱

犯了错误并不可怕,只要是能够将自己的错误给以轻松诙谐的诠释,就有让你从险境脱身的机会。只要你的笑够灿烂,就有摧毁一切的威力。

面对复杂的职场环境,如果真的不小心犯错了,在反省自己的错误之余,还要弥补自己的错误造成的损失,打破错误给自己造成的困扰。这时候幽默通常是我们的不二选择。下面这个娟子就是这样来为自己解围的。

中篇 会说话的女人用心计赢得气场

娟子是个上班族,一次,她在上班时间去理发。而公司明文规定,员工在上班时间不能随意外出。娟子正在理发时,公司经理出现在她面前。经理面带着怒气,娟子也紧张起来。

经理对娟子说:"娟子,现在是上班时间,你为何在理发店?"

娟子吸了两口气,平静下来,回答道:"经理,您看,我的头发是在上班时间长的。"

经理马上接道:"不全是,你下班时间也长头发了。"

娟子礼貌地回答:"您说得太对了!所以我现在只剪上班时间长的那部分。"

娟子的回答可谓是"强词夺理",不过假如娟子被问得哑口无言,不懂得用幽默来为自己解围的话,娟子一定会很尴尬,而且还让经理非常生气。而聪明的娟子用了一个小小的幽默,经理不仅对娟子的巧辩比较欣赏,而且还可能会对娟子另眼相看,至于这样的小错误,就不会太放在心上。

有一次,洛克菲勒要到安莫洛·林白家喝茶。

安莫洛·林白的母亲心想,自己调皮的女儿很有可能会当着洛克菲勒的面,说他有一个大鼻子,于是安莫洛太太千叮万嘱地告诉她的小女儿:"等到洛克菲勒先生来了,千万不能提他的鼻子,否则,就是对客人的不尊重。"

洛克菲勒来了,安莫洛·林白很有礼貌地表示欢迎,之后就跑到院子里玩去了。安莫洛太太拿起茶壶,终于松了一口气,她很有礼貌地对洛克菲勒说:"洛克菲勒先生,要不要在你的鼻子里加点牛奶?"

洛克菲勒吃了一惊,安莫洛太太急中生智,她幽默地说:"哦,我的意思是说,牛奶已经煮好了,而且香味扑鼻,你此时一定想好好地喝一杯牛奶吧!"

洛克菲勒笑了。

当我们失言时,巧妙地幽默一下,可以摆脱这种令人尴尬的境地，并让对方从幽默中感受到你的真诚与热情。

微微刚刚在一家大型企业中谋得一份相当不错的工作。然而新工作离家有很长的一段距离，他每天要转好几趟公交车，所以很容易迟到。但公司有项规定：每月上班迟到累计超过三次者，公司将对其解聘。

恰好这个月，微微已经迟到两次了，所以老板曾提醒过微微："就等你下次了！"没想到在星期二的早上，微微偷了点懒，多睡了会儿，不觉又迟到了。当她企图溜进办公室的时候，被老板发现了。

微微灵机一动，对老板说道："您好，老板！本人微微，今年25岁，本科文凭，工作经验丰富，愿毛遂自荐，申请我即将失去的这份工作。"听了微微的一席话，老板忍不住笑，走出了办公室。这下，微微的工作保住了。

对于公司的规定，微微不知道如何辩白，但是她却从另外一个角度去化险为夷，让自己即将失去的工作得到了保留。微微的这种幽默让老板开心，至于迟到这种事情就只好不了了之。

有一个公司主管对她的秘书说："将我的报告打印5份给我。"秘书很快就按下了打印机的按钮。很快，15份报告就被打印出来了。

主管笑着对秘书说："小姐，我不知道是你没听清楚，还是打印机不听指令。我只要5份报告。"秘书也笑着对她说："对不起，主管，我想是打印机的耳朵出问题了，看起来真该修理修理它了。"

主管对秘书的批评非常幽默，而秘书接受批评也接受得非常幽默，表面上把打印机拿出来做挡箭牌，其实是向上司表明了自己的态度。

幽默可以让人心情愉悦，一些小错误就会在幽默的糖衣炮弹下被人淡忘，让自己的事业更加顺利，所以，在职场中一定要学做一个幽默的人。

幽默具有含蓄委婉的特点,它较之直言不讳的表达更容易让人接受。在失言时,学会利用幽默的语言灵活地补救,一定会得到他人的谅解和宽容。

不小心失言时,用幽默的方法明示自己的错误,便能显示出一个人的坦诚和幽默感,这样就能够淡化自己的失言,避免在他人心中留下不良印象。

有人邀请王琪在下一周的某天共进晚餐,王琪只好同意了:"好吧,时间就定在下个星期五吧!"

其实王琪并不想赴宴,她对她的秘书说:"这个人真是麻烦,你一会儿就打电话告诉他,说我下周五没有时间。"

她一转身,发现那个人还没有走,于是急忙说:"因为那天我还得跟这位先生一起共进晚餐呢!"

一个恰到好处的辩解,既能挽回失言,又找到了一个不让他人怀疑的理由,从而让他人感受到你的幽默感。

幽默是一种神奇的力量

幽默只有扎根知识的沃土,饱吸知识的营养,才能茁壮地成长起来。所以,一个幽默高手,一定要提高自己的知识修养。幽默也是一种修养,一门学问。知识是幽默的沃土,幽默是知识的产物。广博的知识使幽默得心应手,左右逢源。

我们看下面一个例子:

两个乡下财主站在村头说私房话,农夫老田见了,同他们打过招呼就走了。忽然,其中一个财主喊道:"黑老田,站住!"

农夫站住了,对匆匆赶来的瘦财主说:"您有什么事儿?"

瘦财主喘了喘气无中生有地说:"你打断了我们的话把子,赔三石谷,折合洋钱五十块,必须三日之内交清。"

老田回到家里,愁眉苦脸,茶饭不进,只差没寻短见了。他的妻子问怎么了,老田照实说了。他的妻子就说:"这有什么可怕的?到时由我对付!"

到了第三天,田妻叫老田上山打柴,自己便在家门口等着。瘦财主来了,劈头就问:"你家老田呢?"

田妻不慌不忙地回答说:"他上山挖旋涡风的根去了。"

瘦财主一听,喝道:"胡说,旋涡风怎么还有根?"

田妻反问:"那么,话还有把子吗?"

瘦财主无言以对,只得愤愤地走了。

幽默真是一种神奇的力量,它使许多棘手的问题迎刃而解。

幽默是建立在知识与经验的基础上,想成为一位幽默家,必须对古今中外、天南地北、历史典故、风土人情都有所了解,必须对天文地理、声光电化、文法哲经、名人轶事、影星趣闻都有所关注。

"世事洞明皆学问,人情练达即文章。"只有多读书多阅世,多积累知识,扩大知识面,懂得并熟练地按技巧操作,才能登堂入室,修成正果。

幽默是通往成功的捷径,幽默的特点就是让人感到愉快,一个能幽默地面对生活的人,一定很讨大家的喜欢,当今社会竞争激烈,想要在竞争中脱颖而出,除需要实力以外,幽默也是不可或缺的。古今中外有许多成功的人,在他们身上都有诙谐幽默的特质,也正是这种幽默的特质使他们比别人更容易成功。幽默是一种大智慧。幽默可以使人们的交往变得轻松活泼,而且幽默的人大多平易近人,这种性格使别人乐于亲近并帮助他们取得成功。

幽默是一种神奇力量,是建立良好人际关系的前提。幽默得以让人以愉快的方式表达人与人之间的真挚感情,它像一座桥梁一样能拉近人与人之间的距离,弥补人们之间情感的裂缝。正因为有了幽默的存在,世界才充满了欢乐。

美国总统里根在一次钢琴演奏会发表讲话的时候,他的夫人南希不小心从椅子跌落到地毯上。正在讲话的里根总统看了一下夫人,知道她没有摔伤,就对着她说:"亲爱的,你表演得太早了。我不是告诉过你吗,当我没有获得观众掌声的时候,你才需要这样表演。"他刚说完,台下就响起雷鸣般的掌声。

这本来是一件让所有人感到尴尬的事情,但却因为里根总统一句幽默的话化解了这种尴尬的气氛。从这件事情中,可以看出里根正是用机智和幽默化险为夷,而且拉近了他和听众的距离。

心理学家曾经这样说过,和别人结识不是用握手和热情就能做到的。用机智和幽默传播自己的信息是让别人和自己亲近的最好方法。一个人社会交往成功的标准,就是双方彼此欣赏,并愿意彼此支持帮助。想要成为社会交往中的佼佼者,也许有很多方法,但幽默却是其他方法不可替代的捷径。

幽默不但能够给他人带来快乐,防止矛盾的发生,还可以帮助人们很快地走向成功。因为有幽默感的人总是能在生活中保持良好的心态,并善于理解别人。据调查,在某方面有所成就的人,大多是具有幽默感的人,因为他们善于用自己的幽默化解生活中紧张的压力,而缺乏幽默感的人只能暗自承受痛苦。因此,一个想要成功的女人应该学会用幽默的语言征服别人。

幽默是一种神奇的力量,女人要会幽默,就应该掌握住幽默的基本技巧。一是在合适的时候开一下自己的玩笑;二是培养自己的想象力,善于把两种不同属性的不同事物联系到一起;三是提高自己的语言表达能力。

第六章
会说话的女人很灵活
——聪明女人总能化解矛盾

生活中我们离不开与人交往,有交往就一定离不开沟通,沟通中言语不当就有可能产生矛盾,甚至发生冲突。这种事情时有发生,有时可能是要好的同事,有时也可能是亲密的朋友,这是不可避免的。面对这种情况,为了不使矛盾更加激化,不让双方尴尬,我们必须采取一定的技巧去回避,用巧妙的话语去挽回,才能使彼此的关系更加和谐。

中篇　会说话的女人用心计赢得气场

说话要留有余地

　　生活中有一种人,反应快,口才好,心思灵敏,在生活或工作中和人有利益或意见的冲突时,往往能充分发挥口才,不留余地地和对方沟通,把对方辩得脸红脖子粗,哑口无言。不留余地地沟通是指以顽固心态和强势语言与人沟通,令对方备感不适,难以接受。

　　其实这种沟通的突出表现是在交流态度上自以为是,固执己见,不肯让步和妥协,直到对方被自己所说服才罢休;在交流过程中咄咄逼人,气焰嚣张,惯用旧事小癖压制对方,以达到自己的目的。

　　不留余地沟通的心理基础是自恋,它使得人在沟通中缺乏同感共情,不善换位思维,因而不能宽容别人,而总是苛求别人。惯用不留余地沟通的人,会变得越来越不做自我反省,而是惯于在背后说风凉话,或公开抱怨和指责别人。

　　在辩论会、谈判桌上,这种人也许是个人才,但在日常生活和工作场合中,这种人反而会吃亏,因为日常生活和工作场合不是辩论场,也不是会议场和谈判桌,你面对的是你的朋友、同事、亲人,你辩赢了只凸显你只是个好辩之徒且没有"心机"罢了。

　　在群雄并起的三国时代,谋臣良将各为其主效力,可谓群英荟萃,其中张昭也算得上佼佼者。他辅佐孙策、孙权兄弟二人开创了东吴政权,是东吴的开国元勋和决策人物。孙策在临终时曾以"内事不决问张昭,外事不决问周瑜"委以重托。孙权登基后,更命张昭为辅吴将军,待以师礼。可惜张昭后期建树平平,屡与孙权较真,最后不得不以年老多病辞官。

史书记载,张昭少而好学,博览群书,谋略出奇,忠诚方直。他最为人称道的就是直言敢谏,刚正不阿。但到了晚年,他的进谏则越来越以不留余地的模式进行。对此,早期的孙权还能从善如流,但后期的孙权则多冷眼相待,还批评张昭"几误孤大事"。可悲的是,张昭还是我行我素,屡令孙权颜面尽失,搞得两人水火不容。在这当中,孙权固然有其不足,但张昭的强势语言,也难免有越矩过火之嫌疑。

东吴嘉禾元年,辽东太守公孙渊叛魏臣吴,孙权闻之大喜,遣使大加封赏。张昭认为其降有诈,极力谏阻孙权。孙权不能忍受,按刀大怒说:"吴国之士入宫则拜孤,出宫则拜君,孤之敬君亦为至矣,而数于众中折孤,孤尝恐失计。"张昭泪流满面,以不负太后、孙策顾命之托,据理力争。孙权也"掷刀致地,与昭对泣",并说:"我尊敬你已经够可以的了,你却好几回在大伙面前扫我的面子,使得我老是害怕自己做错事。"此后,张昭托病不朝,孙权知其原委,生气地派人用土把他家的门堵上。张昭则从里面也以土封门,表示不再出门。后来的事实证明张昭的判断是正确的,孙权后悔不纳张昭之言,故"数慰谢昭"。但张昭就是不出,孙权"过其门呼昭"。张昭辞以疾笃。孙权放火烧门,逼他出来,但张昭还是坚决不出门。孙权气得没办法,急忙命人救火。最后张昭被儿子扶出,孙权才得以与他见面。

可以说,张昭的"冷遇"与其不留余地的沟通模式有着极大的关系。

按理说,张昭直言不讳,尽忠职守,是想让孙权成为一个理想的帝王。但过度的耿直与批评,则会逾越君臣之大限,孙权会越来越反感张昭。东吴嘉禾元年,孙权称帝后大会群臣,张昭举笏致贺,但还没来得及张口,孙权就说:"如张公之计,今已乞食矣。"如此讽刺张昭当时的主降之举,可见孙权早就对张昭心怀不满。

张昭在沟通中固执己见,不知变通,常把心气甚高的孙权折腾得低声下气,没了君主帝王的尊严。难怪当丞相职位空缺时,无论百官怎样推荐张昭,孙权绝不松口答应,更直言:"当丞相事情烦琐,而张昭性情刚烈,不听他的,埋怨之心将生,这不是他能处理好的。"足以可见张昭固执己见、强制压迫的为人处事方式。

其实,张昭只要注意沟通方法,孙权还是很愿意接受其批评意见的。例如,建安二十三年,孙权好田猎,常亲自骑马去麍亭射虎,并多次身入险境。张昭私下劝谏孙权,作为君主应"驾御英雄,驱使群贤",而不应驰逐于原野,校武于猛兽,这样一旦有所危险,恐遭到天下人耻笑。孙权听了,忙谢张昭曰:"年少虑事不远,以此惭君。"之后,孙权还专门做了射虎车去打猎,以避免在狩猎中遭受猛兽的围袭。

能言善辩不是坏事,但运用不当则会坏事,你的好口才应该用来说明事理,而不是用来战斗。有好的口才,也必须要有相对的内涵,否则别人会笑你全身只有舌头最发达。要驳倒对方,保卫自己的意见时,点到为止即可,切莫让对方"无地自容",换句话说,要留有余地地沟通。别人得罪你时,你虽理直气壮,但也不必把对方骂得狗血淋头。若自己的观点有错,要勇于认错,并接受对方的观点,切莫用辩论的技巧死命反击,因为黑就是黑,白就是白,硬辩只会让人看不起你。

好口才再配上好的"动机",这样的人无疑会很有影响力,如果空有好口才而不知留有余地带来的损失是巨大的。因为他把"逞口舌之快"当成一种快乐,这是做人的悲哀。

只有留有余地地沟通,才能不得罪他人,才能大矛盾化小矛盾,小矛盾化无。

用微笑化解一切矛盾

俗话说,"伸手不打笑脸人",再深的矛盾,当面对微笑时,也只能强行压制下去。笑与笑不同,并不是每个人都可以应用好,也不是每次微笑都可以达到最佳的效果,自身性格在此起到了决定性的作用。一向严肃的人,让他无论如何也堆不起那满面的笑容,一直不善于言谈的人,更难让他变得幽默风趣,来化解各种矛盾。

假若两个女人,因为一件小事,发生了小小的争执,为了缓和紧张的气氛,其中A笑着捅了捅B,"嗨,真生气了啊?"B面露苦笑,只好故作大度地回答,"没有啦。"然后二人将事情解释清楚,误会很快便得以消除。这远比板着脸,不欢而散要强百倍。

再假若一位男领导,指挥着忙得团团转的女职工,女职工气哼哼地嘀咕,"你让我喘口气好不?"领导笑道,"谁不让你喘气了?你快喘快喘!"旁边一人接着道,"要不把她的鼻子捂住。"使得这位女职工有火发不出,哭笑不得地继续忙碌着,不好意思叫苦叫累了。

笑容在严肃的氛围中,不但可以起到调节的作用,还可以化干戈为玉帛,提高工作积极性,缓解烦累和矛盾。这种调节方式,在异性之间的效果更为显著,大概跟异性相吸有一定的关系吧。即使是非常简单的一句话,在同性和异性之间,所产生的作用也不完全相同。还因为,多数男人比较大度,不好意思跟小女人计较。

武汉某饭店西餐厅,一位德国客人在点菜时误将"牛排"说成了"猪排",菜上席后一品尝,他连连摇头。服务小姐问明原因后,立即返回厨房,将"猪排"换成"牛排",端上餐桌歉意地笑着:"先生,实在对不起,是我服务不周到。"客人连忙摆手道:"小姐,这不是你的错,是我的疏忽。"小姐笑着说道:"先生,请品尝牛排,如果不满意,我再给您换一盘。"客人频频点头道谢,事后,他对同事们赞叹道:"我有机会再来武汉,一定还要来下榻这家饭店,再次领略这里小姐微笑服务的风采。"

事实上,一次可能发生的矛盾就在服务小姐的微笑中扼杀了。

笑比哭好,微笑是金,用笑容还可以成功地化解许多矛盾和争端。朋友与同事之间,难免会产生误会,发生不愉快,是冷眼以对,还是泰然处之?是深化矛盾,还是将矛盾消除在萌芽之中?这就要看当事者的态度了。你若大度,对方也会还之于宽容,你若耿耿于怀,双方势必难以和好如初。

在充满笑意的环境中生活,心情非常舒畅,心态也格外年轻,似乎周围的一切都是那么地美好。就像有些人所说,"苦点累点不要紧,只要干得开心就好"!相信这是许多人的心声。喜欢勾心斗角的毕竟是少数,简简单单地生活,简简单单地做人,多好啊,何必让自己活得那么累呢。

很多获得"先进单位"的组织,荣获"优秀员工"的个人,无一不是坚持用微笑服务,用微笑化解矛盾。

一家大型酒店,一位中年先生跑到前台一脸不高兴地问:"我前两天就订的一桌酒席,怎么看上去你们没准备似的?""不会的,如有约定我们会准备的,请问是不是搞错了?"客人听后大发雷霆并与服务员争执起来,酒店经理闻讯赶来,刚要解释,客人就指着她出言不逊地骂起来。当时经理很清楚,这时解释毫无意义,只能冷处理。自己默默的"洗耳恭听",脸上始终保持亲切友好的微笑。等客人把话说完以后她才解释了酒店的有关预约规定,并对客人表示歉意。客人接受了她的劝说,并诚恳地说:"你的微笑和耐心征服了我,我刚才真不应该,希望下次还能看见你亲切的微笑。"

微笑是带着体温的一缕阳光,融化世间的人情冷暖;微笑是滋养心灵的一汪甘泉,让爱在心中开出快乐之花。无论你在何种地方,无论你在做什么,在人与人之间,微笑均是其最为普及的语言,她能消除人与人之间的无形隔阂。人与人之间的最短距离就是一个可以分享的微笑,纵然你对自己微笑,也可使其与自己的心灵进行交流与抚慰。

想想看,当你面对着那翘起的嘴角,弯起的弧度,那令人舒畅的微笑时还会大声埋怨、发怒吗?

生活中矛盾总是无法逃避的,而化解矛盾最好的方法,也是最简单的方法就是给他人一个微笑。在电梯里,邻居不小心碰撞到你,你的一个微笑化解了矛盾;在公共汽车上,乘客不小心踩到你的脚,你的一个微笑化解了矛盾。

生活中的太多矛盾常使我们烦恼,让我们带着微笑吧!

微笑吧,用微笑把对方心中的敌意泯灭吧,用微笑来化解矛盾吧!

正确化解夫妻间的矛盾

两口子过日子,就像锅铲与锅子,免不了磕磕碰碰的,也就是说夫妻在共同生活中,要想对任何事都保持观点一致是不可能的,不发生一点矛盾也是不客观的。双方对某些事情总会有不同看法,由此可能引起争执,出现矛盾。

一对农民夫妻到乡政府离婚,路过一条小河,平时河里有石

中篇　会说话的女人用心计赢得气场

头踩着过河,由于发大水,看不到石头了,水深妻子不敢过了。丈夫二话不说,背起妻子过了河。到了乡政府,妻子说,不离了,问她为什么,她说,离了过河就没有人背了。

有一对夫妻到公园去玩,说着说着,吵了起来,妻子正要拿雨伞刺丈夫,这时乌云密布,下大雨了,于是两个人也不吵了,共打一把雨伞,靠在一起回家了。

灾难往往能使人与人之间更加亲合,焦虑会使人疏远。从这两个故事中,可以看得出来,夫妻之间并没有根本性的矛盾,一条小河,一场大雨,就能使他们的心理恢复平衡。那么现实中,夫妻怎样化解矛盾呢?

发生争吵时,双方都要遵循"冷处理"的原则,你不要老想占上风,也不能非要对方服从自己的观点。因为在双方心态都不冷静的情况下,一些问题一下子是讲不清楚的。待冷静一段时间,气消了之后再处理,反而容易解决。

倾听对方意见。任何一方都不应只强调自己的道理,而不注意听对方的意见。认真听听对方的想法意见后再冷静地思考。

抑制冲动。在阐述自己的意见时,应心平气和地把道理讲清楚,不要太冲动,声音不应太大,有理不在声高,这样才不会被对方认为你是在以势压人。平心静气与妻子(丈夫)交谈,谈你的感受、谈你的想法、谈你们的婚姻和家庭,不谈你们的矛盾和分歧。

不要揭短。在争吵中切莫攻击对方的弱点,或揭对方的短处,也不要扩大争论的范围和算旧账,否则只会使矛盾激化,甚至导致感情破裂。

切忌打骂。吵架归吵架,切不可动手,这一点男士尤为要注意,不能以辱骂代替说理,更不能动手打人,以免造成难以弥补的精神创伤。

要有忍耐心。若一方正处于身心疲劳或遇到不愉快的事而心情烦躁时,另一方应尽量避免争吵。因为这时对方往往不够理智或心情上易激动,双方很难沟通。多站在对方的角度去思考,如果我是丈夫(妻子),会怎么样?

要认识到生气是一种正常情绪,如果你认为彼此间爱慕的一对夫妇也不免会有嫉妒、烦恼和生气的事情发生的话,那么,当这些情绪来临时,双方就不会惊慌失措。你会明白,你的配偶不会每时每刻都对你充满柔情蜜意,但这并不意味着他或她已经"没有感情了"。也许你的配偶因为上司的缘故而情绪低落,对方也许没有向你表示绵绵之情,但是那暂时的不快不是你的过错。你应该问:"亲爱的,我做了什么事惹你生气了?"如果回答是否定的,你再问:"那么,我能为你分忧吗?"如果对方不需要,你就不必打扰。你要允许对方偶尔生气,这些问候是你给予的最好的安慰。

学会认错。大多数人必须学会说:"很抱歉",因为两个生活在一起的人总有互相顶撞的时候。如果你不想损伤对方的自尊心,你得学会向对方道歉。

不离家出走。不论当时争吵情况怎么样,任何一方不应该因此离家出走,一去不回,这样只会使夫妻关系更加恶化。

不赌气分居。夫妻发生争吵后,不要就此分房或分床而居,互不理睬。如此双方情绪更不易平静,也不利于夫妻关系的改善。

互不记仇。争吵过后,不论谁是谁非,都不要以胜利者自居,或产生失败者有失脸面的心理,夫妻争吵是很平常的事。

不轻言离婚。任何一方不要以离婚来威胁对方,这容易造成误会,有时还会弄假成真,酿成自己其实并不愿看到的、不可收拾的后果。

夫妻两个异性因为共同的需要才走在一起的,当感觉实在拉不下脸来的时候,就要见机行事。比如,不经意的通过孩子说一句话,这时,对方在收到这些信息后就要及时的"拐弯",做出良好的反应,千万不要顽固不化的拒人于千里之外。夫妻关系自然的就恢复到了"良好外交关系"。

家庭生活中,夫妻吵架很少是原则性的问题。吵架之后,如果马上要求对方低头认错,赔礼道歉,不太现实,这涉及人的自尊心。那就要先和解,恢复心理平衡双方情绪平定之后,再讲清道理,共同吸取教训。

夫妻之间一般都有浓厚的感情、有共同的利益,也可能是一时的争吵把感情和利益压了下去,但某件事情又会把这种感情和利益呈现出来,变成夫妻和好的巨大力量。比如可以翻看一下过去的相片,来往信件,情浓时相互赠送的礼物,回想恋爱时的情景,找出目前妻子(丈夫)身上的优点,并做出姿态,告诉妻子(丈夫)你的感觉;唤起夫妻对过去时光的美好怀念和对未来的美好憧憬。

百年修得同船渡,千年修得共枕眠! 两个人走到一起结为婚姻的共同体,是千百年来的缘分! 和谐地化解夫妻间的矛盾才可能维护好自己的婚姻! 执子之手,携子到老!

巧妙化解职场矛盾

在心理学家看来,在职场打拼的上班族男女,都背着笨重的"包袱"。职场中永远不会少了"矛盾"的身影,你在职场中的每时每刻都要面对各种各样的矛盾:跟同事的,跟人事部的,跟上司的,甚至和送盒饭的小弟。

既然矛盾的产生不可避免,那么你就得学会如何去处理矛盾,这个时候你首先要记住一点,你的上司或者管理层的人处理员工矛盾时,并不会非常关心谁是谁非,他们关注的是谁能更好地掌控局势,而谁又处于被动位置。

因此,你只要公正、客观,并且简单地说明事实,就能化解潜在的危险。在这种情况下,你可以将比较复杂的形势转变成客观事实,从而以真正的中立者身份去了解究竟发生了什么。也就是说,你得多听,得学会控制,千万不要为自己辩解。

在处理这些矛盾的时候,你要注意采用恰当的方法,尽量不要让你们之间的矛盾公开激化或升级恶化。在解决矛盾的过程中,你还得学会去克服一系列的困难,了解了这些困难,你就可以在对抗各种冲突、矛盾的时候做到游刃有余。

如果有一位工作上受挫的同事不停地在你面前重复同一行为,那么很快你就会发现自己也进入了一个恶性循环,而且没有办法停止。如果是出现了这样的情况,对方可能会觉得你没有认真听他说话,从而心生怒气,导致矛盾产生。所以这个时候你就不能仅仅是简单地回应他几句,而是要仔细听对方讲话的要点,总结出来,并告诉他。这样他就会知道你不是在敷衍,那么你们之间就可以继续进行对话了。这样就可以巧妙化解矛盾。

避开锋头,暂时终止激烈对话。如果对方情绪激动,只顾自己说自己的,那么你不妨试着停下来,及时中止话题不连贯导致的矛盾。似乎人人都遇到过这样的事:你正在对别人解释一件事情,但突然发现自己好像走进了一个迷宫,而且不知道自己是怎么进去的。通常这种情况是由于被别人打断而引起的。所以,如果你发现在说的时候,有人打断了自己,导致话题没有任何意义的话,那么最好的办法就是停下来,告诉他你很同意他的说法,这样就可以避免你的话题长得像裹脚布一样,而且可以继续更有意义的话题。这时候,冷静地思考,暂时放弃解释,把话题重新回到轨道上。

躲开第三者,避免在他人面前受到公然羞辱。虽然说比较激烈的争论应该在私下进行,但是被别人公然羞辱的情况仍会

中篇　会说话的女人用心计赢得气场

发生。所以如果你知道自己要同一个容易被激怒的人打交道的话，那么最好在私下进行。

如果有人因为你的原因而暴跳如雷，那么你要做的是用比较低的声音去回应他，而不是像他一样用又尖又高的声音说话，那样看起来就是在和对方吵架，更会激怒他。而且，你的低声回应也是在告诉他，他的声音太大了，让人没有办法忍受。这样的话，他就会很快压低声音，让谈话回到正常的轨道。当然，如果你和他一样大喊大叫起来的话，那么周围的同事恐怕对你们两个都不会有太好的印象。这时候应该以不变应万变，用一如往常的声音克制对方大发雷霆。

面对职场中的矛盾，我们需要调整好自己的心态，在此我们不妨来看一则小故事：

很久很久以前，有一位叫爱地巴的人，每每他生气时就跑回家去，之后，围绕自己的房子和土地大跑三圈。到后来，由于他的房子越来越大，土地也越来越多，而当他一生气时仍要绕着房子和土地大跑三圈，不管自己累得上气不接下气，满身汗流如雨。

他的孙子很不理解地问他："爷爷！当你一生气时就绕自己的房子和土地全力地跑，这难道有什么秘密吗？"爱地巴回答孙子说："在我年轻时，每次一和别人吵架、争论、生气，我就绕着自己的房子和土地猛跑三圈。我一边跑一边想，自己的房子还这么小，土地又这么少，怎么还有心情、时间和精力去跟别人生气呢？一想到这些，我的气就立刻消失了，也就有了更好的心情、更多的时间和精力来学习工作了。"

孙子又接着问："爷爷！现在你已经成了富人，可你一生气时为什么还要绕着自己的房子和土地跑呢？"

爱地巴微笑着说："现在我是富了，但一生气时我还要绕着房子和土地跑三圈，一边跑一边想，我现在拥有的房子这么大，土地又这么多，还有什么必要跟别人斤斤计较呢？一想到这些，我的气就完全自动消失了。"

明智的你,一定能够从这个故事中领会到许多重要的人生道理吧!假如你的事业才刚刚开始,还没有进入"富人"的行列,你不妨从他人的错误中吸取经验和教训,把他人的错误看成对自己今后工作的警醒。假如你已经事业有成,你可以一种豁达大度的心态来对待下属的失误。给别人提供一个成长的机会,事实上也就是赠送给自己一个发展的机会。

聪明的女人懂得:当你用一根手指头指着别人的时候,同时已经有三根手指头在是指着你自己。千万不要以别人的错误来惩罚自己的身体,而要用积极大度的心态来看待和处理所有事情。

下篇　会说话的女人靠策略赢得人心
——聪明的女人一句话就打动人心

　　自从人类有了语言,便有了交流的工具。但对现代女人而言,仅仅有语言是不够的,因为现代女人再不可能依靠简单的语言进行交流。进入社会、参与交际非得拥有丰富的语言不可。只有拥有了丰富的语言,你才能说出自己心中的所思所想,你才能准确无误地表达你所要表达的内容,别人才能明白你讲话的意思。但是只有丰富的语言也是不行的,说话不仅要求能说,还要求我们说话讲策略。运用攻心法,摸透人心再开口。运用委婉法,央求不如婉求。运用情感法,以理服人更要以情服人。运用迂回法,百折不挠方可让人心服口服。运用类比法,譬喻类比让说服变得更生动。总之,聪明的女人说话一定要靠策略,用一句话打动人心,岂不高哉?

第一章
攻心法
—— 摸透人心再开口

当女人说话之前，要先摸透对方的心理再开口，这样才能一语中的，与说话的对象达成共鸣。如果想要抓住对方的心理，就要观察对方的一举一动，然后进行分析。比如你可以观察对方的情绪、穿着、年龄阶段……然后分析对方的心理。人的心理是十分微妙的，但是只要我们认真观察、分析，就一定能摸透对方的心理。

下篇　会说话的女人靠策略赢得人心

看透对方的心理攻心为上

　　女人在与人交谈的过程中，抓住对方心理是说服别人的重要途径。沟通之难不在于表达之难，而在于看透对方的心，并在此基础上巧妙地表达自己的看法。人的心理十分微妙，即使同样的一句话也会因为对方的情绪变化而得到不同的理解。读懂对方的内心才能控制其情绪的变化。

　　一位女经理安排一名主管去管理一个生产车间，但是这位主管认为，管理该车间这样混乱的部门是件费力不讨好的事。这时候，女经理就应该了解主管内心的真实想法，如果这位主管是一位积极进取的年轻人，女经理就应该告诉他，管理生产车间更能锻炼和反映他的能力，今后还可能会得到进一步的提升；相反，如果这位主管只是得过且过，女经理就应该告诉他，由于公司精简人员，他必须去车间，否则只有离开公司。

　　人的心理捉摸不定，较难把握，但是，在有些场合，人内心的东西常常会通过某种方式而外露。善于观察听者的一举一动，并能据此加以分析和推测，那么，基本上可以掌握听者的心理和情感。譬如，在讲话时，听者发出唏嘘声，说明听者不喜欢那些话；如果听者两眼注视，说明说话的内容非常吸引人；如果听者左顾右盼，思想不集中，说明他心里可能很着急，但又出于尊敬而不愿离开……当然，有许多人善于抑制自己的感情，不让它外露，即使这样，还是会露出一些蛛丝马迹的。

　　战国时，魏文侯和一班士大夫在闲谈。文侯问他们："你们看我是怎样的一位国君？"许多人都答道："您是仁厚的国君。"

可一位叫翟黄的人却回答说:"你不是仁厚的国君。"文侯追问:"何以见得?"翟黄有根有据地答道:"你攻下了中山之后,不拿来分封给兄弟,却封给了自己的长子,显然出于自私的目的,所以我说你并不仁厚。"一席话说得文侯恼羞成怒,立刻令翟黄滚出去,翟黄若无其事地昂然离去。文侯仍不甘心,他又接着问任痤:"我究竟是怎样的一个国君?"任痤答道:"您的确是位仁厚之君。"文侯更加疑惑了,任痤说:"我听说过,凡是一位仁厚的国君,其臣子一定刚直,敢说真话,刚才翟黄的一番话说得很直,而不是阿谀奉承之词,因此,我知道他的君主是位宽厚的人。"文侯听了,觉得言之有理,连声说:"不错,不错。"立即让人把翟黄请了回来,而且拜他为上卿。

在这则故事中,我们不但能看出任痤的人品高尚,乐于救助同事;而且能看出他的机巧聪明,善于抓住魏文侯愿意被人尊为仁厚之君这种心理,从同一事件中巧妙地引出了有利的结论,化解了文侯和翟黄之间的矛盾。

人与人的沟通是最难的,对一个女人来说,如何抓住对方的心理,这是沟通能否顺利进行的关键。人的心理是非常微妙的,不仅与对方性格和身份有关,还会随着工作或身体等状况经常发生变化。这就要求女人们不仅要全面地了解对方,还要敏锐地捕捉对方心理的变化,适时地说出适合当时状态的话。

首先,女人们可以根据下属的不同性格特点来打开对方的"心门"。一般来说,性格内向的人不仅自己说话比较讲究方式,而且希望别人说话也讲究分寸和礼貌。因此,女人们在与这类人交谈的时候,必须注意说话的方式,要尽可能地表现出对他的尊重。如果对方是比较直率开朗的人,就没有必要过于计较说话的方式,最好的办法是开门见山。总之,对不同的人要采取不同的说话方式,以便在心理上靠近他们。

对刚愎自用的人,不宜循循善诱时,可以用激将法;爱好夸大的人,不能用表里如一的话使他接受,不妨用诱兵之计;脾气急躁的人,讨厌喋喋不休的长篇说理,用语须简要直接;性格沉默的人,要多挑逗他说话,不然你将在云里雾中;头脑顽固的人,对他硬攻,容易形成僵局,造成顶牛之势,应看准对方最感兴趣之点,进行转化。

其次,一个聪明的女人可以通过交谈对方的不同身份了解他的心理。对不同身份的人,应该选取不同的话题,即要选择与其身份、职业相近的话题,否则很难和对方有共同语言,没有共同的语言自然无法实现良好的沟通。如果对方来自农村,就不要谈论工资福利,如果来自城市,就不要谈收成。

再次,我们知道身体语言比口头语言能够表达更多的信息,因此,在沟通的时候,读懂对方的身体语言是理解对方心理的一个重要途径。从对方的目光、表情、身体运动与姿势,以及彼此之间的空间距离中,我们都可以感知到对方的心理状态。了解对方的喜怒哀乐,一个聪明的女人就能够有的放矢的调整自己的说话内容和方式,以实现与对方的愉快交谈。但是,在理解别人身体语言的时候,女人们应该注意,同样的身体语言在不同性格的人身上的意义是不同的。

女人在与他人交谈的过程中,如果你能看透他人心理,进而攻心为上,方能事半功倍。聪明的女人更要学会看透他人心理,如此,方能把话说的更漂亮,把事做的更成功。

巧妙批评让人口服心也服

生活中当我们提起批评时,更多人会理解为"挑刺"。其实,那只是批评中很小的部分。真正高明的批评,更多的是交流、引导和印证。聪明的女人,如果你希望你的批评可以取得良好的效果,就要在方法上下功夫。一个人犯错后,最难以接受的就是大家的群起攻之,这样势必会伤害他的自尊心。所以,一个聪明的女人最好把批评的目的定为打动对方,使得对方能认识到自己的错误,回到正确的轨道上,要注意方式和场合等问题。否则,即使你的动机是好的,是真心诚意的,收效也不会太好。

小鱼进公司不到两年就坐上了部门经理的位置,但是有个别下属不服她,有的甚至公开和她作对,于悦就是其中的一位。自从小鱼做了部门经理之后,于悦经常迟到,一周五天,她甚至四天都迟到。按公司规定,迟到半小时就按旷工一天算,是要扣工资的。问题是,于悦每次迟到都在半小时之内,所以无法按公司的规定进行处罚。小鱼知道自己必须采取办法制止于悦这种行为,但又不能让矛盾加深。

小鱼把于悦叫到办公室。"你最近总是来的比较迟,是不是有什么困难?""没有啊,堵车又不是我能控制的事情,再说我并没有违反公司的规定呀。""我没别的意思,你不要多心。"小鱼明显感觉到了对方的敌意。"如果经理没什么事,我就出去做事了。""等等,于悦你家住在体育馆附近吧?""是啊。"于悦疑惑地看着对方。"那正好,我家也在那个方向,以后你早上在体育馆东门等我,我开车上班可以顺便带你一起来公司。"没想到小鱼说的是这事,于悦反而有些不好意思,喃喃地说:"不,不用了……你是经理,这样做不太合适。""没关系,我们是同事啊,帮这个忙是应该的。"小鱼的话让于悦脸上突然觉得发烧,人家小鱼虽然当了经理,还能平等地看待自己,而自己这种消极的行为,实在是不应该。事后,于悦虽然还是谢绝了小鱼的好意,但她此后再也不迟到了。

批评,顾名思义,既要批也要评。批是批判,评是评价,当然也可以解释为好评。不管怎样,不能光批不评。批评和骂人完全是两码事,它们之间有着本质的区别,骂人是气急败坏的表现,是无赖的表现,这不需要多高水平,在大街上扯个泼妇,肯定能骂得十分出彩。只是,骂人的行为除了让被骂者受伤,或者被路人耻笑之外,没有多少意义。而批评不同,批评的过程是批评者站在一个公正的立场,站在一定的高度,通过摆事实、讲道理来对人与事进行的一场论证过程,它应该有着严谨的逻辑。因此,我们是万万不可把骂人的行为扯进批评的范畴内。

一个聪明的女人懂得批评别人,就要给别人服气的理由。我们作为批评者,就首先要加强自己本身的文化修养,对被批评的人和事情,要有自己独到的眼光和见解,要公正地看待问题,而不能根据党同伐异的态度去行事。在批评的过程中,我们要保持自己个人的意识形态,有自己的鉴别能力。然后,通过自己对问题的看法,真诚地向批评对象提出自己的意见,并指明他应该去努力的方向。只要我们的见解是正确的,意见是真诚的,态度是诚恳的,别人又怎会不接受批评呢?

在批评的过程中,聪明的女人绝不可以只批评不表扬。因为不管是人还是事,毕竟都还是有一点优点的。但这么说,也绝不是鼓励大家在批评别人的时候先来一段表扬,在表扬以后再来一个"但是",这样的批评只能让别人觉得我们虚假。就比如我们是老师,我们要批评学生的懒惰行为,我们可以这样来批评:你很聪明,请以后再勤奋点。而不要这么说:你很聪明,但是你很懒惰。这两种批评方式看着没多大区别,但前一种批评方法已经在表扬中提出了自己对学生的要求,而后一种效果和第一种相比如何,大家肯定是心中有数的。

金无足赤,人无完人。只要是人,就一定会犯或大或小的错误。其实,任何有上进心的人都不愿意犯错,聪明的女人要批评一个人的错误时,最好让对方感觉到自己的错误。你的目的也是为了要帮助对方,而不是为了贬低对方的品格。因此批评以适可而止、给对方留有余地为好,会让对方感谢你的宽容。

攻心为上，劝说他人才有效

有些人很容易被迷惑，特别是涉世未深的年轻女性，往往在劝说一个人时，因为不得要领而感到迷茫。其实懂得如何揣测对方的心理，才是劝说别人的技巧。言辞能透露一个人的性格，表情、眼神能透露一个人的内心想法，就连外在的衣着或行为举止等都会"出卖"其主人的一些特点。因此，女人们如果想让你的劝说卓有成效，就必须要懂得如何揣测别人的心理。

（1）善听"弦外之音"

一个人的地位、性格、品质以及情绪的流露都能通过他的言谈表现出来，因此，聪明女人善听"弦外之音"是揣测对方心理的关键所在。一个人的所思所想，有时候会不知不觉地在口头上流露出来，因此与他人交谈时，只要你肯留心，你就能从他的话语中窥测到他的内心世界。

①由话题知心理

一个话题的展开，就不自觉地暴露了一个人的心理，他的情绪也会从这个话题中呈现出来。如果想从形形色色的话题中揣摩对方的想法，就要细心体会话题内容与对方本身的情况，从而获得更多的信息，并随着他的思路去迎合他的心理，逐渐把他引导上你所预想的道路上来。

②注意对方的措辞习惯

每个人的措辞习惯都有所不同，原因在于人与人的生活习惯和所处环境不同，每个人的语言都可以反映出他的一些情况。我们可以细致地分析对方的措辞，从中揣测这个人的心理如何。

③说话方式反映真实心理

一般来说,一个人的心理都会通过他的说话方式表现得清清楚楚,只要我们仔细揣测,"弦外之音"也能从说话方式中流露出来。这对于我们按照对方的想法去规劝他有很大的帮助。

(2)面部表情"出卖"一个人的心理

人的心理活动非常微妙,情绪往往会从一个人的表情中流露出来。当遇到高兴的事情时,脸颊的肌肉会松弛;而遇到悲痛的状况时,就会泪流满面。不过,也有些人不愿意将这些内心活动让别人看出来,单从表面上看,也许会让人判断失误。

比如说,当你与别人洽谈一项业务时,对方笑嘻嘻的,完全是一副满意的表情,使你很安心地认为交涉成功了。可是,最后的结果却是以失败而告终。

所以,女人们,如果你们想找对门路,用对方法,去成功地劝说别人,就不能只简单地从表情上判断对方的真实情感。通过表情猜测对方心理时要注意以下两点:

没表情的时候不等于没感情。

愤怒或者是憎恨到极点时他也许会微笑。

(3)从眼神分辨对方的内心

古希腊神话里有这样一个故事:如果一个人被怪物三姐妹中的美杜莎看上一眼,他就会立刻变成石头。这就是将眼神的威力神化了。孟子云:存乎人者,莫良于眸子,眸不能掩其恶。胸中正,则眸子瞭焉;胸中不正,则眸子眊焉。正所谓"眼睛是心灵之窗",从眼睛里流露出真情是理所当然的。

俗语说:"江山易改,本性难移。"性为内,情为外。表现"情"最显著、最难掩的,不是语言,不是动作,也不是态度,而是眼神,言语、动作、态度都可以掩饰,而眼神是无法掩饰的。眼神有动有静,有聚有散,有流有凝,有阴沉,有呆滞,有灵活,等等。如果用心仔细揣摩之后,必然会发现对方真实感情的流露。

(4)从穿戴看内心

人本来是光秃秃地来到这个世界上的,为了隐藏自己的"庐山真面目"才穿上衣服。然而,人们不曾想到穿上自己喜爱的衣服,衣服的款式、颜色、面料等,反而把自己毫无掩饰地呈现出来,因为每个人所选择的衣服把自己的心理状态表现得袒露无遗。

衣着华丽者自我展示欲望强。

衣着朴素者多半缺乏自信。

喜欢追赶时髦者多半很孤独。

不理时尚者常以自我为中心。

当你了解了对方的穿衣风格后,也就大概了解了对方是怎样一个人,在你劝说他时,就要对号入座。

识别"弦外之音"是聪明女人揣测一个人心理的开始;"眼神"和"表情"是最应关注的重点,它最能不由自主地告诉大家真相;人的穿戴同样有助于我们揣摩对方的心理活动。只有掌握了对方的心理,才能在说话过程中更有效地说服他。

下篇　会说话的女人靠策略赢得人心

第二章
委婉法
——央求不如婉求

每一个人都需要自尊和被他人尊重，不论身处何时何地都在自觉不自觉地维护着自己的面子和自己做人的权利。聪明的女人，我们在说话时一定要注意维护他人的尊严与面子。当我们说话时一定要把话说得亲切委婉，不伤及他人的自尊，他们自然都乐意接受。这样我们又何乐而不为呢？

委婉的话语不伤人

在日常生活中，人与人相处难免意见相左，那是再正常不过了。无论是邻里还是朋友，无论是夫妻，还是母子，通常都可能持相反的态度或观点，如果直言相劝，往往会伤及彼此的感情。聪明的女人，这时最好换一种方式，就是委婉地表达自己的想法或意愿。

大张是欣怡的邻居，也是同一单位里的工会主席，而且，技术上也有一手，待人也热情诚恳。但是，他在生活上却比较马虎，不讲仪态。夏天，他常光着膀子走家串户。欣怡是个有知识的女性，她很不习惯大张的这种行为。

一个双休日，大张邀欣怡的丈夫去另一个同事家下棋。欣怡对丈夫说："穿上衬衫，换双凉鞋，到别人家去总得有个样子。"这一讲，大张马上有所觉察，他说："等一下，我也去穿件衬衫，换双鞋。"

欣怡赶忙笑着说道："张师傅，您这个人很热情、很随和，可我觉得在穿着上太不讲究了，有时让人受不了。"待大张穿好衣衫返回，欣怡赞扬道："张师傅，这一身多神气啊！"说得大张舒服极了。以后，他渐渐改变了原先不讲仪态的习惯。

在劝说一个人接受自己的意见时，抱着逆反的心理和对抗的心理结果必然是一谈就崩。有的时候，稍不留心，就会伤害大家的感情。尤其是涉及一些不便于直截了当地说出来的事情时。如果劝说者学会了使用委婉含蓄的语言，结果可就不一样了。那样不仅能把事情表达清楚，又能维护对方的隐私和自尊，避免了彼此的尴尬,就容易消除分歧,找到共同点,从而达到劝说的目的。如此一来,聪明的女人不但能显示出自己说话的涵养,增强语言的感染力,还能赢得人们的尊重,何乐而不为呢?

有这样一位母亲,当她发现女儿没有收拾好房间就跑到院子里和邻居小孩玩时,很是生气。于是,她不假思索地大吼道:"你马上给我滚回来!你的房间那么脏,像狗窝一样,回来把它整理干净!"这位母亲不但没有注意到自己刚才对女儿言辞的粗鲁,而且还当着别的小朋友的面侮辱了女儿!这样,女儿满怀愤怒地走了回来,虽然没有说什么,可眼神里充满了怨恨,母女关系从此紧张起来。更让人痛心的是,女儿居然也染上了粗鲁骂人的恶习。

试想,如果这位母亲能换一种方式——委婉地劝女儿,教诲她的女儿,那么她的孩子就会感激母亲没有当朋友的面侮辱她,同时女儿从中也学到了委婉的态度。可见,父母平时的言行对子女影响有多大呀!

所以会说话,讲究语言艺术,不仅仅是专对与外人说话而言的,对自己家人说话更要注意方法与技巧。

有一对结婚十多年的夫妻,他们每个月都要给双方父母寄生活费。这件事一直由丈夫一手经办,妻子从不过问。后来,妻子在无意中发现,丈夫每个月都给她娘家父母寄30元,而给自己父母寄50元,妻子心里非常生气。然而,她却也不想因为这件事闹得夫妻不和。于是,她想了一个办法。

妻子下班回家后,总喜欢逗小女儿玩,并且一逗就是半天。这天,妻子回家后,看到小女儿在摇车里哭,一声不吭地走了过去,径直走到5岁的儿子身边,一把把他抱了起来。丈夫很奇怪,问道:"你今天是怎么了?女儿在哭你不抱,儿子玩得好好的你偏要抱!"妻子说:"她长大只能给我30元钱,儿子却能给我50元钱,你说我能不抱儿子吗?"

丈夫一听,脸顿时红了。从此之后,他每个月都给双方的父母寄同样多的钱。

在这个故事中,妻子没有因丈夫的不公而直言相告,相反,她委婉地用自己的一双儿女对丈夫进行了有力的说教:疼女儿是没用的,将来她只会每月给你 30 元钱,而儿子可以每月给你 50 元钱。在整个故事中没有正面冲突,妻子用这种不动声色的方式,使丈夫真心诚意地接受了自己的劝告。

巧用"潜台词"

当女人与他人交流的过程中,有的时候说话不能直截了当。适时用委婉话语暗示,加入一些潜台词,更能使对方理解自己、信任自己,从而达到说服的目的。在某些特定的场合,使用潜台词更能产生出奇制胜的效果。

某局长的千金小徐和本单位的同事小张谈恋爱时,总是有种高高在上的优越感,因为小张是农家子弟,大学毕业后分在局里做科员,没有什么靠山。有一次,小徐到小张家做客,对小张家人的一些生活习惯总是流露出看不顺眼的情绪,并不时在小张耳边嘀嘀咕咕。吃过晚饭后,小徐把小姑子使唤得团团转,一会儿叫烧水,一会儿又让拿擦脚布什么的。

小张看在眼里,很不是滋味。他借机笑着对妹妹说:"要当师傅先学徒嘛!你现在加紧培训一下也好,等将来你嫁到别人家里,也好摆起师傅的架子来。"小张这么一说,小徐当时似乎听出了什么,过后不得不在小张面前表示自己有些过分。

小张不失时机地用"要当师傅先学徒"的俗话来提醒小徐,避免了直接冲突。即使对方当时略有不满,过后也会有所感悟的。

　　生活中,正面的劝告往往会使人产生逆反心理。聪明的女人在这时不妨独辟蹊径,换个方法来劝说,从侧面打开缺口,或许能事半功倍。潜台词是一种比较实用的好方法,它一般多以人与人的感情为媒介,以人对新事物的兴趣、注意力或以列举有关事例为突破口,对其进行攻心。

　　荷兰物理学家彼得·塞曼,大学一年级时十分贪玩,物理成绩也不好,被人称为浪荡公子。为此,他的母亲很伤心。为了劝告儿子,她讲述了这样一段往事:他们的家乡位于西海岸的一个半岛上,自古以来常被大海淹没。1860年5月24日午夜,家乡又遭到了大海的侵袭,一个孕妇在孤舟上漂流了几天几夜,产下了一个男孩儿——彼得·塞曼。幸亏乡民救助,母子二人才平安无事。接着,母亲不无悲哀地说:"早知塞曼是个平庸的人,我当初就不必在海浪中拼搏努力了。"塞曼听完母亲的话,羞愧万分。从此,他改掉坏习性,努力学习,最终荣获了诺贝尔物理学奖。

　　潜台词暗示是要智慧的,说话之前要先动动脑子,从正面、反面、侧面多角度地想一想,寻找出可以使对手得到启示的多种不同的表达方式,选择其中一种最好的,从而达到预期的目的。

　　1938年,陈毅任新四军苏北指挥部司令员兼政委。

　　有一次,他到苏南溧阳县茅山根据地观看战地服务团的演出时,认识了演出队一个叫春兰的姑娘。她温柔可爱,多才多艺,深深地打动了陈毅的心。

　　一天,为了团里的演出需要,春兰受领导的安排来向陈毅借一身首长服装。陈毅把一首新写的思念春兰的诗悄悄地放在上衣口袋里,然后把换下的衣服交给了春兰。回去后,春兰在整理衣服时,发现了这首"赞春兰"的诗:"小箭含胎出岗,似是欲绽蕊露黄。娇颜高雅世难觅,万紫千红妒幽香。"她读着读着,眼睛渐渐模糊了……

第二天,春兰去向陈毅还衣服时,开始不再喊"首长",而以"你"代替。"春兰",陈毅看着春兰,情不自禁地喊出声来。他们的双手紧紧地握在了一起。

春兰就是张茜,陪伴了陈毅一生的一位贤惠温柔的女人。

带潜台词的说服策略,能让对方在不知不觉中同意你的论点,对于那些态度强硬的说服对象来说,这无疑是一种好的说服方法。

19世纪意大利有个著名的作曲家罗西尼。一天,另一个作曲家带着一份声称是自己创作的乐曲手稿来请教他。在演奏过程中,罗西尼不停地脱帽。那位作曲家问他:"屋里很热吗?"

罗西尼回答说:"不,我有见到熟人脱帽的习惯,在阁下的曲子里,我碰到那么多的熟人,不得不连连脱帽。"

罗西尼巧妙地用"那么多熟人"来暗示曲子缺乏新意,抄袭太多。幽默的语言既没有伤到对方的自尊心,又明确地向对方表明了自己的看法,让对方自然信服。在生活中,女人们也不妨巧用"潜台词",定能收到意想不到的效果。

采用委婉批评法

这个世界上,人与其他任何动物都不同,需要自尊和被他人尊重,无论何时何地都在自觉不自觉地维护着自己的面子和自己做人的权利,聪明的女人要懂得把话说得亲切委婉,不伤及他们的自尊,他们自然都乐意接受。在交际中批评是最难把握的一种表达方式,要考虑时间、地点、对象等多种复杂因素,其宗旨是要照顾对方的自尊心,力求不伤害对方。严厉的批评固然重要,但毕竟会伤及对方的面子,难免会有负面的影响,但如果采取温和或间接的批评,就会起到更好的效果。

在一个宴会上,一位好吃懒做、肥胖出奇的夫人,问身材瘦小的萧伯纳:"亲爱的大作家,你知道防止肥胖有什么办法吗?"萧伯纳郑重地对她说:"我倒是知道一个办法,但是我怎么想也无法把这个词翻译给你听,因为'干活'这个词对你来说是外国话呀!"

萧伯纳之所以受人欢迎,是因为他说话含蓄委婉,柔中带刚,且针对性极强。如果对方犯的不是原则性的错误,或者不是正在犯错误的现场,我们就没有必要"真枪实弹"地对其进行批评,可以用温和的话语,只点明问题。或者是用某些事物对比、影射,做到点到为止,起到一个警告的作用。

1887年3月8日,美国最伟大动人的牧师及演说家亨利·华德·毕奇尔逝世。毕奇尔的影响力是巨大的,如同日本人所说,他改变了整个世界。就在这个周末,莱曼·阿伯特应邀向那些因毕奇尔的去世而哀伤不已的牧师们演说。他急于作最佳表现,因此把他的讲道辞写了又改,改了又写,并像大作家福楼拜尔那样谨慎地加以润饰,然后读给他妻子听。他妻子听后感到写得很不好——就像大部分写好的演说一样。然而,她并没有这样直接告诉丈夫,因为她知道这样做的不良后果。所以,她只说,这篇讲稿若登在《北美评论》杂志上,将是一篇极佳的文章。换句话说,她称赞了这篇讲稿,但同时很巧妙地暗示出,如果用这篇讲稿来演说,将不会有好效果。莱曼·阿拉特知道她的意思,于是他把细心准备的原稿撕掉了,后来讲道时他甚至没用笔记。

要使对方从根本上,从内心深处认识到自己的错误,需要批评者细心挖掘错误的原因,晓之以理,动之以情,循循善诱,从而帮助他认识并改正错误。这一点聪明的女人应该多加学习。

聪明的女人懂得在批评中讲究方法。态度强硬的批评往往事与愿违,即使对方意识到自己的错误,但由于自尊心严重受挫,他也会强词夺理,甚至拂袖而去,弄得不欢而散。因此,学会和风细语地指出别人的错误和缺点,好处多多!

伏尔泰曾有一位仆人,有些懒惰。一天伏尔泰让他把鞋子拿过来。鞋子拿来了,但上面满是泥污。于是伏尔泰问道:"你早晨怎么不把它擦干净呢?"

"用不着,先生。路上尽是泥污,两个小时以后,您的鞋子又会和现在的一样脏了。"

伏尔泰没有说话,微笑着走出门去。仆人赶忙追上说:"先生慢走!食橱上的钥匙呢?我还要吃午饭呢。"

"我的朋友,还吃什么午饭。反正两小时以后你又将和现在一样饿嘛。"

伏尔泰巧用幽默的话语,批评了仆人的懒惰。如果他厉声呵斥他,命令他,可能就不会有这么好的效果了。

女人们要记住:批评要以教育为目的,用事实教育人,用道理开导人,用后果提醒人,从而使对方心悦诚服地接受,就达到了目的,不必要说得过于直白。否则,别人下不来台,恼羞成怒进而反唇相讥,大家脸面上都不好看。常言说,赠人玫瑰,手留余香。把批评说得如同赞美一样让人受用,我想你也一定会成为一个受欢迎的人。

委婉含蓄说服他人

当女人们在说服别人时,不直接交代说服的目的,而是通过曲折含蓄的语言,把自己的思想、意见暗示给对方。这种语言表达方式既可以达到批评的目的,又可避免难堪的场面,所以常被用来作为说服的有效手段。虽然直道好跑马,但曲径可通幽,各有妙处。有时候,用动听入耳的言辞,温和委婉的语气,平易近人的态度,曲折隐晦的暗语,更能达到说服的目的。

晓瑶自毕业以来,总因与同事合不来而频频跳槽。母亲看到女儿这样跳来跳去,终于按捺不住了,她问晓瑶:"你听说过一段猫头鹰的故事吗?"

晓瑶摇摇头,不解其意。母亲又问:"你想听吗?"晓瑶点了点头。于是,母亲就给晓瑶讲了个猫头鹰的故事。

从前,有一只猫头鹰匆匆忙忙地向东边飞行,累了,便停在树林里歇息。正好一只斑鸠也在那里,看见猫头鹰呼哧呼哧地喘粗气,便问:"猫头鹰大哥,你这是到哪里去?"猫头鹰说:"我要搬到东边去。"斑鸠连忙追问:"为什么?"猫头鹰委屈地说:"斑鸠老弟,你不知道,西边的人都讨厌我,说我的叫声难听,我住不下去了,只好搬走。"斑鸠说:"大哥,依我看,搬家也不能解决问题。"猫头鹰听后,大惑不解地问:"何以见得?"斑鸠说:"这还不明白吗?你难听的叫声没有变,东边的人照样也会讨厌你的。"

讲完故事,母亲问:"你觉得换一份新工作,换一个新环境,就能换来好的人际关系吗?"

晓瑶顿时语塞,母亲继续说:"猫头鹰如果不改变自己难听的叫声,它搬到任何地方去,都会不受欢迎。一个人若不改变自己身上那些令人讨厌的特性:比如懒惰散漫、任性蛮缠、自私冷漠,那么她也会像这猫头鹰一样,走到哪儿都令人讨厌!"

母亲一番话说得晓瑶无言以对,同时也明白有些事情,要寻找自身的原因,不能一味地将过错推诿在别人身上。在这里,晓瑶的母亲就是用委婉的方式劝诫晓瑶,从而达到了良好的沟通效果。

在某些说服过程中,说服者采用含蓄的语言、动作等,把不便明言的交谈意向委婉地表达出来,借此影响和改变说服对象的态度。

会说话的女人最聪明
——聪明女人最想学的说话技巧

清朝乾隆年间,有一天,乾隆皇帝带着新任宰相和珅、三朝元老刘统勋,到承德避暑山庄的烟雨楼前观景散心。和珅与刘统勋向来不和,关系极不融洽。乾隆想借此机会使二人和解,又不便明说,于是在游览中提议赋诗,并随口出了一句:"什么高,什么低,什么东来什么西。"刘统勋虽然老了,但还是很有才的,他立马就回答:"君皇高,微臣低,文在东来武在西。"和珅看到刘统勋抢在他的前面,十分不快,马上接着说:"天最高,地最低,河(音同和,指和珅)在东来,流(音同刘,指刘统勋)在西。"刘统勋受辱低头不语。

乾隆见此法效果不佳,待行至桥上,又要每人以水为题,拆一个字,说一句俗话,赋一首诗。刘统勋认为报复的机会到了,边走边咏道:"有水念溪,无水也念奚,单爱落鸟变为鸡(即繁体字的鸡)。得食的狐狸欢如虎,落坡的凤凰不如鸡。"暗指和珅小人得志。和珅听后,暗自赞叹刘统勋的才华,但又毫不示弱地送上一首:"有水念湘,无水还念相,雨落相上便为霜。各人自扫门前雪,哪管他人瓦上霜?"乾隆听到新老二臣唇枪舌剑互不相让,于是上前拉住两人的手,面对湖水中三人的倒影,满怀深情地说:"两位爱卿听着,孤家也对上一首:'有水念清,无水也念青,爱卿共协力,心中便有情,不看僧面看佛面,不看孤情看水情。'"二人听了皇上的话,心中为之一震,深为乾隆委婉含蓄的诗词感动。于是和珅与刘统勋拜谢了乾隆,握手言和,结为忘年之交。

这次君臣三人行,开始乾隆本想借观景赋诗融洽新老二臣的关系,不想二人乘机相互冷嘲热讽,互不相让。处此境况,乾隆因势利导,以"不看僧面看佛面,不看孤情看水情",来暗示新老二臣应该同心协力,精诚团结,共治大清事业。乾隆借机含蓄点拨,一首诗区区几十个字,效果却远胜于长篇大论。

聪明的女人不妨学习一下委婉含蓄的说服方法,委婉含蓄的说服方法就是潜移默化,暗渡陈仓,让对方在不知不觉中领悟我们所说的道理,接受我们的观点,从而达到沟通的目的。

第三章
情感法
—— 以理服人更要以情动人

聪明的女人在与人相处时,懂得用真情打动人心。人类是有血有肉的动物,每个人都会被真情所打动。在说服他人时,一定要注意以情动人,这样说话才会具有说服力。用充满真情的话语与别人交谈,就会收到意想不到的说话效果。以情动人,换句话来说,也就是对人嘘寒问暖,给予关心,表示愿给予帮助等。

以情动人,感动人心

这个世界上最动人的话,往往是那些诚挚、热情、坦率的话,它没有华丽的词汇却最能吸引听众,话说得并不流利却能够缩短讲话者与听众之间的距离,使听众始终为讲话者的诚恳所打动,大大增强讲话的实效。

魏老师写了一本《思想政治工作方法》的书,出版社没有给她稿费,而是让她自行推销一千册作为报酬。对魏老师来说,这远比讲课要难得多。

为了把书推销出去,魏老师在学员队搞了一次演讲,她说:"……当老师的在这里推销自己写的书,总不免有些尴尬。不过,如今作者也很难,写了书,还得卖书。出版社一下给我一千册,稿费一文没有,所以我不推销不行。这本书写得怎样,我自己不好评说。不过有两点可以保证:第一,这本书是我用三年时间完成的,是我心血的结晶;第二,书的内容绝不是东拼西凑抄下来的,是我自己长期思考的见解。前不久,这本书被思想政治工作研究会评为社科类图书的二等奖,这是获奖证书。说实话,对于我们这些教书匠来说,搞推销比写书还觉得难,只是硬着头皮来找大家帮忙。不过,买不买完全自愿,决不强迫。如果觉得这本书对你有用,你又有财力就买一本,算是帮我一个忙。谢谢。"魏老师的这次演讲立即产生了效果,一次就卖掉了300多册。

善于在言谈话语间表达出自己的真诚的人,能够把自己的心意传递给听者,使听者达到情感上的共鸣,从而打动听者的心;而流畅但缺乏诚意的话语,就像没有生命力的绢花一样,虽然美丽但不鲜活。魏老师不是专职推销员,但是她却获得了成功。从某种意义上说,她的成功就在于她恰到好处地表达了自己的真诚,赢得了听众的信赖。这再一次说明,在讲话中学会表达真诚要比单纯追求流畅和精彩更重要。

讲话时,诚挚的态度能够直接影响听众的情绪,关系到听众对讲话内容的接受程度。诚挚、热情、坦率的讲话能够吸引听众,能够缩短讲话者与听众之间的距离,使听众始终为讲话者的诚恳所打动,大大增强讲话的实效。

邢台地震的第二天,周恩来总理不顾频繁余震的危险,怀着沉重的心情,赶赴灾区看望受灾的群众。

当时春寒料峭,裹着沙砾的西北风一阵紧似一阵。总理看到数千名群众迎风坐着等他讲话,当即对县委书记说:"风沙这么大,怎么让老乡们朝着风坐呀?你说,一个人跟几千群众相比,哪一方面更应该照顾?"接着又用深沉的语调说:"我是作为国家总理来看望受灾群众的,但我是一个共产党员,你想想,共产党人哪有让群众吃苦在前面自己吃苦在后的道理呢?"他亲自指挥群众朝南坐下,自己绕过去,站在一个木箱上,迎着漫天风沙向群众讲话。

当总理号召灾区人民"自力更生,奋发图强,发展生产,重建家园"时,群众激动得热泪盈眶,总理讲一句,大家齐声响应一句。当总理讲到"一方有难,八方支援,等你们恢复了生产,重建了家园,我再来看望你们"时,几千名群众一齐站了起来,口号声此起彼伏,连成一片。

周总理不愧为卓越的政治家、宣传家,他讲话的魅力就在于他善于把关心人民疾苦的诚挚感情注入自己的讲话之中。这样的讲话当然富有感染力,能够深深地打动灾区群众的心,使群众精神振奋地投入重建家园的工作中。

高明的口才总是用真实的情感、竭诚的态度去呼唤人们的心灵,使它振奋、感化、慰藉、激励。对真善美,热情讴歌;对假丑恶,无情鞭挞。用诚挚的心去弹拨他人的心弦,用善良的灵魂去感化他人的胸怀。让听者闻其言,知其意,见其心,达到情感上的共鸣,就会令讲话如春风化雨,润物无声,潜移默化,产生磁铁般的影响。

真诚的态度是成功交际的妙诀,也是说话者和听众融为一体、在情感上达到高度一致、在情绪上引起强烈共鸣的妙诀。那种把自己看作凌驾他人之上的布道者,或自视为高人一等的儒士、学者,开口就是"我要求你们""大家必须"这类的命令式词句,或用满口堂而皇之的言辞掩饰自己的真情,听众是绝对反感的。所以,当你说话时,不要忘记满怀真情实感。

聪明的女人要记住:不管世界上哪一个民族的语言,只要饱含真挚的情感,就能产生巨大的影响,就能唤起群众的热诚,就有震撼人心的力量。相反,任何语言,情不真,情不深,则无以动人。正如美国著名作家马克·吐温所说:"热情是每个艺术家的秘诀。这如同英雄有本领一样,是不能拿假武器去冒充的。"

尊重别人就是尊重自己

在美国,一个颇有名望的富商夫人在路边散步时,遇到一个衣衫褴褛、瘦骨嶙峋的摆地摊卖旧书的年轻人在寒风中啃着发霉的面包。有着同样苦难经历的富商夫人顿生一股怜悯之情,便不假思索地将8美元塞到年轻人的手中,然后头也不回地走开了。没走多远,富商夫人忽然觉得这样做不妥,于是连忙返回来,从地摊上捡了两本旧书,并抱歉地解释说自己忘了取书,希望年轻人不要介意。最后,富商夫人郑重其事地告诉年轻人说:"其实,您和我先生一样也是商人。"

两年之后,富商夫人应邀参加一个商贾云集的慈善募捐会议时,一位西装革履的年轻书商迎了上来,紧握着她的手不无感激地说:"女士,您可能早忘记我了,但我永远也不会忘记您。我一直认为我这一生只有摆摊乞讨的命运,直到您亲口对我说,我和您先生一样都是商人,这才使我树立了自尊和自信,从而创造了今天的业绩……"

富商夫人万万也没有想到,两年前一句普通的话竟能使一个自卑的人树立了自尊心,一个穷困潦倒的人找回了自信心,一个自以为一无是处的人看到了自己的优势和价值,终于通过自强不息的努力获得了成功。

不难想象,这位富商夫人当初即使给年轻人很多钱,没有那一句尊重鼓励的话,年轻人也不会出现人生的剧变。这就是尊重的力量啊。

弗洛姆曾说过"尊重生命、尊重他人也尊重自己的生命,是生命进程中的伴随物,也是心理健康的一个条件"。

人与人之间的交流,都应建立在真诚与尊重的基础上。人唯有尊重他人,才能尊重自己,才能赢得他人对自己的尊重。

尊重他人不仅仅是一种态度,也是一种能力和美德,它需要设身处地为他人着想,给别人面子,维护他人的尊严。

1960年当选牛津大学校长的英国前首相哈罗德·麦克米伦曾提出过人际交往的四点建议:

1. 尽量让别人正确;
2. 选择"仁厚"而非"正确";
3. 把批评转变为容忍和尊重;
4. 避免吹毛求疵。

这些建议可以说都是围绕着"尊重"提出来的。在某种意义上,不加掩饰,直接表露或宣泄是无能、自私的错误表现,它只会恶化事端,造成大家都不愉快的结局。掩饰并非虚伪和造作,只是选择适当的语言和时机做适当的事情;相反,没有任何掩饰的人必然不能与其他人愉快和睦地相处。不要不顾别人的感受对他人的缺点大肆批评,也不要用尖刻的语言去伤害他人,不要取笑他人或是对别人感到不屑,这些都是对他人不尊重的表现,是你与他人愉快沟通交流的一大障碍。

第一次世界大战后不久,在法国巴黎街头,有一个卖艺的小伙子。他用小提琴拉出一曲又一曲动听的曲子,吸引了许多行人驻足聆听。

这个青年来自挪威,不远千里来报考巴黎音乐学院,但很不走运,没有被录取。在这个大都市里,他带来的钱很快就用光了,只好用自己的所长来挣点钱,聊以糊口。一曲结束,人们纷纷往琴盒里放钱。

有一个贵族青年正好带着自己的女朋友从此路过,他看见女朋友对这个拉提琴青年的很感兴趣,而且赞不绝口,心生嫉妒,于是就想羞辱一下这个提琴手。他故意将钱扔在提琴手的脚下,转身就走。

结果,还没等他走出一步,小提琴手就弯腰把钱捡起来,喊住贵族青年说:"先生,你的钱掉了。"边说边把钱递过去。

贵族青年不屑地接过钱来,又鄙夷地扔回小提琴手的脚下,不客气地说:"我已经给你了,这是你的钱。"小提琴手看了看他,旋即鞠了个躬:"谢谢先生的资助!刚才你的钱掉在地上,我为你捡起来了。现在我的钱掉在了地上,也请你帮我捡起来!"周围的人都目不转睛地看着他们,贵族青年羞惭万分,只好弯下腰,无奈地将钱从小提琴手脚下捡起,放进了琴盒。

人群中有一个人微笑着点了点头。他也是被提琴手悠扬的琴声吸引过来的,看到了事情的整个经过。而他恰巧又是巴黎音乐学院的教授。

不久,他将那提琴手带回了学院,向院长郑重推荐。院长给

下篇　会说话的女人靠策略赢得人心

了这个青年一次机会,让他重考,他最终被录取了。这位挪威青年叫比尔撒丁,后来成为挪威著名的音乐家。

聪明的女人要学会尊重别人,尊重别人,就是强调要树立平等意识。不管你们彼此之间是什么关系,尊重别人不分时间、地点、场合,不分你我、强弱、大小,不分领导与被领导,不分贵贱贫富。只要人人都学会了与人交流时尊重别人,人们之间就多了一份信任、平和、友谊、谅解和情感,如果你摆出一副尊长的口气,就很容易给别人一种不尊重他的态度。对于这一点,我们应该认真对待,因为大千世界,万物众生,大家都是平等的。所以,尊重他人的女人才能让他人尊重自己。尊重别人是人与人之间沟通的最好方法。

真诚的向他人道谢

在社会交往中,每个人都会遇到困难、麻烦和自己能力之外的事情,都需要得到他人的帮助。女人们,当你在得到帮助和受益后向对方表示感谢,既流露了自己接受对方给予自己努力帮助的不安,也是对别人给予帮助的一种心理安慰和补偿,更是对人际关系的深化发展。一声真诚的"谢谢"虽然只有两个字,却体现了人际关系的融洽与默契,显示出长篇大论也无法替代的独特魅力。

感恩节是美国法定假日中最地道、最美国式的节日,每年11月的第四个星期四,他们都要和自己的家人团聚,原意是为了感谢印第安人,后来人们常在这一天感谢他人。

道谢是幸福之门的一块敲门砖,感谢他人,同时自己也不断地被他人感谢,承认他人的价值,同时自己的价值也不断被承认。生命便在这一双向的认可中不断地延伸,人生也因此变得厚重起来。道谢,是人生价值的体现,是人与人沟通与理解的桥梁。道谢,反映的不仅仅是一种道德涵养,更是一种人生态度。有了它,生活变得更加温馨,更有内涵。

"谢谢"不仅仅是礼貌用语,而且也是沟通人们心灵的桥梁。"谢谢"这个词似乎极为普通,但运用得恰当,产生的勉励无穷。既是礼节又体现智慧,对这个词内涵的理解和个人的素质如何,决定着你能否运用得体。

为别人帮忙、办事,总要耗费一些额外的精力,有时,还不得不托人求情,欠下一份"人情债"。因此,在道歉时,一般要用含有歉意的语言来表达自己的不安之心。如"真对不起""实在不好意思""让你费心了",等等。

感谢的话语要先说出来。当接受朋友的帮忙或恩惠时,千万不要把道谢的话语先存起来,只有懂得适时表现感谢之意的人才能处处受人欢迎。

"你送的这条项链,我爱人看到,赞不绝口,到了办公室,连老总都连连惊叹呢!""真是太谢谢你了,这次若没有你的帮助,我真的是没有办法完成任务。"不管是口头还是书信的表达,接收到礼物或是受到恩惠时,第一时间打电话向对方道谢,其间流露的真切和热情都会让对方感到喜悦。

道谢是为了表达感激之情,如果让施惠者感到窘迫,就违背了原有的初衷。因此,道谢要考虑时间、地点和场合。如果施惠者不希望大众都知道帮助过你,就应该尊重对方,不可大庭广众之下道谢,以免让对方不悦。

有时,不仅仅是口头表达谢意,还可以附送一些礼品,可以说"一点小意思,不成敬意"。或是"随便买的,不知道你喜不喜欢"。有机会的话,更应该用自己的实际行动去回报。

要注意,谢谢必须诚心诚意,发自内心,还要认真、自然、直截了当,不要怕别人知道你在道谢而不好意思。

说"谢谢"时,应有明确的称呼,通过称呼被谢人的名字,使你的道谢专一化。如果你要感谢的是几个人,那就不仅仅要说声"谢谢"大家,而且要一个个地向他们道谢,这样就会在每个人的心里引起反响和共鸣,达到感情的进一步交流。

说"谢谢"时要有一定的体态伴随着真挚的微笑。生活在现代社会中,确实感觉好累。复杂的社会关系让人感觉好累;繁忙的工作让人感觉好累;交际应酬让人感觉好累,不知不觉中人们的心情变得憔悴了、冷漠了、贪婪了,人与人之间的关系变成了金钱关系,相互利用的关系。有些人活得滋润,有些人活得潇洒,有些人活得好不自在。人们贪婪索取得多而奉献的少,想自己的多而想他人的少。有些人得到了觉得应该的,有些人得不到觉得世界不公平。每个人的心里都有着不同的感知,于是人们的道歉和道谢少了,觉得自己的所作所为都是理所当然,人们之间的关系也变得越来越冷漠。

每个人只要调整好心态,正确面对社会,面对社会上的一切,只要心存感激,学会道歉和道谢,相信你的天地将永远光明灿烂!

聪明的女人要知道向别人道谢,是对别人多付出劳动的一种肯定;向别人道谢,是对别人所付出劳动的一种鼓励;向别人道谢,更是对别人所付出劳动的一种最起码的尊重。仅仅是一声"谢谢",虽然只是一个简简单单的词语,就足以让内心充满暖意,足以代表你的真诚。让我们时刻怀着感恩的心,真诚的向他人道谢吧!

诚恳的与他人交流

聪明的女人可以注意到,当我们以一种诚恳的态度去和一个人交谈的时候,很容易获得对方的亲切感。诚恳态度,是让对方感觉到受到尊敬与重视的最好的办法。

三国时代,名相诸葛亮看到刘后主不是的地方,写下《出师表》,给后主提出了善意的批评和改善的方法,用语恳切,态度真诚,成为后世批评文章的典范。

很多人都经历过面试,入学考试面试,或是公司的招聘面试,一场面试,不仅仅是需要充分的准备,十足的信心,更重要的是诚恳的态度。复旦大学的教授就曾在指导研究生入学面试时,提到过"关键的一点,是不要自作聪明地随意扩展面试老师的问题,以显示自己在知识上的优势。要知道,即便你的学识确实丰富,面试老师也有可能因为反感这种自以为是的作风而降低你的分数。而博得面试老师好感的最佳途径就是态度诚恳,即常说的做人要诚实"。

一个刚出道的营销员去会晤客户时,心里总是记挂着生意的成败以及自己的佣金。谈吐间,他的心意很容易被人看穿。他的一切,不是为客人着想,完全是为自己的利益而努力,对方防范和怀疑的心墙便建立起来。自己也厌恶这种市侩的心态,业务做得很艰难。如果你放下自己的利益,为改善客户现在的困难而做出建议,这样的你也会喜欢自己,客户会感觉到你是忠于他,为他的好处而来,于是,一开始,就松下了不信任的心理。成功的营销商,身经百战,没了成败得失的心理负担,又善于压抑自己的利益，处处表现出关怀的态度，生意便顺利地进行了。

一个女人是否诚恳与这个人的品质、心理密切相关，一个诚恳的女人拥有良好的道德品质、健康的心理素质。可以说，诚恳的态度是后天养成的，也是一种天性使然。

诚恳不可以伪装，是个人气质的真实流露。诚恳的人懂得倾听别人的意见，并且愿意为别人的问题提出中肯而切实的建议。不高傲自满，是诚恳的特点。一个充满高傲的女人，是不会对别人有应有的尊重，更不会是一个诚恳的人。

要成为一个诚恳的女人，首先应该从自己的修养做起，心术一定要正，没有邪念和要求，说出来的话语，让人感到诚恳。诚恳的态度，对方便乐于与你交谈。

一个刚刚从乡下来的孩子法夸尔就是应用了这种策略，获得了与当时纽约最有势力的人物见面的机会。法夸尔首先想方设法进入了鼎鼎有名的阿斯特的办公室。他只说了这样一句话："我想请教您一下，如何才能成为像您一样的百万富翁呢？"这句话并非一点也不着边际，法夸尔内心十分清楚，什么样的话能引发一个成功的企业家的兴趣。果然，阿斯特听了此话之后，他看到居然有一位忠实的"粉丝"满脸敬重与诚恳地向自己请教成功经验，感到又诧异又高兴。他不仅耐心地和法夸尔聊了起来，还把他介绍给当时许多的著名人物，如菲什、斯图尔特、贝内特等。法夸尔靠着这种诚恳地向成功者请教的方法，获得成功人士的指点，在事业中一帆风顺，比别人少走了许多弯路，最终也成为百万富翁俱乐部中的一员。

很多有才干的人之所以成功，是因为他们也采取了一些类似法夸尔的策略。人们发现，成功人士并非恃才傲物，他们会就一些问题很诚恳地向别人请教，询问对方的意见，夸奖对方的才智，使对方真正感觉受到了恭维。

"即使是一个外行，当他来向你提出一个建议的时候，哪怕这是一个很不中用的建议，也得鼓励他几句。"这是著名的企业家约翰·沃纳梅克关于如何对待职员的著名格言中的一条。在确保手下职员的忠诚和热心方面,约翰的这种待人以诚恳的态度确实不失为一种最有效的方法。那些聪明的领袖都会想办法让下属觉得自己很愿意听取他们的意见,并按照他们的意见来行事。只要有可能,他们更愿意使自己的计划看起来似乎就是下属提出来的,而丝毫不会表示这些意见其实就是他自己的。

许多事实都已经十分明确地告诉人们,有才干的人,都会用种种不同的方法,让别人感觉到自己的重要。坦诚是最明智的策略,而我们如果也照此去做,也会拥有像成功人士一样的事业。

诚恳的态度还体现在尊敬对方的自尊心,每个人都有极强的自尊心,不允许他人触犯。

所以女人学会诚恳与人交流,如此才能让你有更好的人际关系。

第四章
迂回法
——百折不挠方可让人心服口服

很多时候，女人们很难直接而有效地说服别人，这时，我们应该采取迂回战术，就如登山之路，迂回曲折，多绕一点路，却能顺利到达山顶。我们说话要避开正面的语言交锋，而从侧面寻找突破口，循循善诱地说服别人。迂回诱导能够增强说服力，往往能够激起对方思想上的波澜，让对方在思考中明白事理。

迂回法——投其所好

女人在与别人发生辩论时,一时不能取得胜利,怎么办呢?有的时候不妨另辟蹊径,变逆为顺,采用一种"投其所好"的战术,从顺向的角度,向对方发起一场心理攻势,在顺的过程中化解对方的攻势,发现对方的破绽,捕捉突破的战机,从而出其不意地战胜对方。以下就是对"投其所好"术在论辩中的作用所作的一些分析说明:

1. "投其所好"能诱敌入瓮

某天,一位时髦漂亮的女青年在马路上行走。突然她发现后面有一个"摩登"男青年在紧追不舍。怎么办呢?她忽然有了主意。她回过头来对这个男青年说:"你为什么老跟着我?""摩登"男青年说:"您太美了,真让人着迷,我真心爱您,我们交个朋友吧!"姑娘嫣然一笑,说:"谢谢您的夸奖,在我后面走的姑娘是我妹妹,她比我更美。""真的吗?""摩登"男青年非常高兴,马上回过头去,但却不见姑娘的身影。他知道上当了,又去追赶那位漂亮姑娘,质问她为什么骗人。这位女青年说:"不,是你骗了我,如果你真心爱我,那么为什么去追另一个女人?经不起考验,还想跟我交朋友,请你走开!""摩登"男青年被说得面红耳赤,只好灰溜溜地走了。

这个事例中的女青年之所以能制服"摩登"男青年,就是顺着对方贪图美色的心理,"投其所好",设计引诱。对方不知道是计,所以去追更美的姑娘,这就暴露出了他的丑恶嘴脸。女青年顺势反击,让对方自暴其丑,无地自容,达到了目的。由此可见,论辩中的"投其所好"术,实际也是一种"诱敌"战术,抓住对方的需求和动机,设下圈套,诱敌深入。当对方进入圈套之后,我方就可迅速出击,制服对方。

2."投其所好"能巧布疑阵

有一位顾客来到某酒店喝酒,店主以半杯酒当满杯卖给她。她喝完第二杯后,转身问店主:"你们这儿一星期能卖多少桶酒?""35桶。"店主扬扬得意地回答。"那么,"顾客说,"我倒想出了一个能使你每星期卖掉70桶的办法。"店主很惊讶,忙问:"什么办法?""这很简单,你只要将每个杯子里的酒装满就行了。"

聪明的顾客在此利用店主唯利是图的心理,"投其所好",巧设圈套,待其落入,再奋力一击,揭露了店主的半杯酒充当一杯酒的恶劣行径。这种说话方法比一般的斥责要有力得多,也要深刻得多。由这个实例可见,"投其所好"术又是论辩中的"疑兵"之计,可以迎合对方的某种爱好和某种心理,巧布疑阵,麻痹对方,使之放松警惕,误入陷阱,从而达到战胜对方的目的。

3."投其所好"能捕捉战机

乔特斯律师为有杀妻嫌疑的拉里辩护,这时律师麦纳斯提出了对拉里十分不利的证据:拉里曾向麦纳斯提出过,要麦纳斯帮助他与妻子离婚,并由此推论拉里在无法达到离婚目的时候,会采取极端措施。乔特斯知道要直接反驳"要求离婚就有杀人动机"是困难的。于是他采取了"投其所好"的策略与对方周旋,以图找到最佳战机。

乔特斯先向麦纳斯承认，自己对离婚是外行，一边恭敬地问对方是不是很忙。麦纳斯踌躇满志地回答"要我处理的案子要多少有多少"。后来又补充说，每年至少有200件。乔特斯赞叹说："呀！一年200件，您真是离婚案的专家，光是写文件就够您忙的了。"麦纳斯的声音犹豫起来，感到说得太多人们难以相信，就只好承认说："可是……其中有些人……嗯……因为这样那样的原因改变了主意。"破绽出现了，乔特斯抓住这一点，进一步诱导道："啊！您是说有重新和好的可能，那大概有10%的人不想把离婚付诸行动？"麦纳斯说："百分比还要高一些。""高多少，11%？20%？""接近40%。"乔特斯用惊奇的眼光盯着他说："麦纳斯先生，您是说去找您的人中有近一半最后决定不离婚？""是的。"麦纳斯这时有些感觉到了对方的目的，但是已经没有退路了。"嗯，我想这不会是因为他们对您的能力缺乏信任吧？""当然不是！"麦纳斯急忙自我辩解道。"他们常常是因为一时的冲动而跑来找我。可是一旦真的要离婚，便改变了主意……"他突然止住，意识到自己上当了。"谢谢，"乔特斯说"你真帮了我的大忙。"

在这场法庭论辩中，律师乔特斯见正面反驳有很大的难度，就采用了"投其所好"术，从侧面迂回。他先坦率地承认自己对离婚案是外行，恭维对方很忙，当对方得意忘形，胡吹自己处理离婚案件的数目时，他又进一步恭维对方是离婚案专家。当对方感到吹过了头，说有些人因这样或那样的原因而改变了主意时，战机出现了。乔特斯抓住这个时机，步步诱导，使对方说出了自己否定自己的话。

女人们，我们从这个实例可以看出，如果在论辩中正面说理难以奏效时，可以采用迂回法"投其所好"，与对方进行巧妙地周旋,当对方对抗心理软化,疏于防范,就有可能自我暴露出一些破绽,这就为我方提供了时机,我方应该立即乘隙而入,一举制敌。

迂回法——反客为主

一位应考者参加知识测验。

主持人问:"先生,听说您是一位足球行家,理所当然知道所有关于足球的知识。"应考者不假思考地答道:"那当然。""很好,"主持人微笑着问:"那么球网有多少个洞?"应考者愣了一下,但马上从容不迫地面露微笑:"能提出这样问题的人一定是一位知识渊博的人吧?"主持人乐了,"那当然。""很好,"应考者说,"既然您承认自己是个知识渊博的人,那么您应该知道我们的祖先中有一位叫作保塞尼亚斯的人,他是一个什么方面的学问家?"主持人:"他是一个能言善辩的哲学家。"

"很好,回答正确加 10 分。"应考者巧妙地站在主持人的位置上后,更加轻松地说,"关于保塞尼亚斯有这么一则轶闻。据说当时雅典的首席执政官听说保塞尼亚斯富有口才,就把他请到贵族会议上来,对他说:'贵族会议的成员,每个人都有一个难题要问你,你能用一句来回答他们所有的问题吗?'保塞尼亚斯说:'那要看看是些什么问题?'于是议员们接连不断地提出了几十个不同的问题。当问题提完后,保塞尼亚斯应该用一句话才能答全。知识渊博的主持人先生,您能代替保塞尼亚斯以一句话答全吗?"知识测验主持人想了想回答:"保塞尼亚斯面对几十个不同的问题,只能这样回答:'我全不知道!'""很好!很好!不愧是保塞尼亚斯的后代,今天,此时此刻,我只想再请您用一句话回答一个问题——""你问吧。"主持人说。"请问球网有多少个洞?"应考者问。主持人:"?"

这种应对,在中国有时又叫作"以彼之矛,攻彼之盾""以其人之道还治其人之身",不知什么时候让老外给偷学了去。

杜罗夫是俄罗斯著名的马戏丑角演员。他表演技艺精湛,惟妙惟肖,有极强的艺术感染力,常使观众捧腹大笑之余沉思良久。

有一次,杜罗夫在观摩演出,幕间休息时,一个傲慢的观众走到他面前,讥讽地问道:"丑角先生,观众对你非常欢迎吗?"杜罗夫瞧了瞧眼前的观众,知道他不怀好意,便不动声色地答道:"还好。""作为马戏班中的丑角,是不是必须生来有一张愚蠢而又丑怪的脸蛋,就会受到观众欢迎呢?"来者咄咄逼人,自以为杜罗夫会羞得无地自容或怒得暴跳如雷。"确实如此。"不料杜罗夫竟然悠闲地说,"先生,真可惜啊!如果我能生一张像您那样的脸蛋儿的话,我准能拿到双倍薪水。"这个傲慢的观众自讨个没趣。

与此类似,还有一则故事。

约翰·昆西·亚当斯是美国第六任总统。他有一个习惯,黎明前一两个小时起床,长距离散步或骑马,或去波托马克河裸体游泳。

安妮·罗亚尔是一名女记者,她一直想了解总统关于银行问题的观点,但是屡次采访屡次被拒。一天,她尾随总统来到河边,决心迫使他回答问题。她先藏在树后,待他下水以后便坐在他的衣服上喊道:"游过来,总统。"亚当斯满脸通红,吃惊地问道:"你要干什么?"

"我是一名女记者,"她回答道,"几个月来我一直想见到你,就国家银行的问题采访一下。我多次到白宫,他们不让我进,于是我观察你的行踪。今天早上悄悄尾随你从白宫来到这里。现在我正坐在你的衣服上。你不让我采访就别想得到它,是回答我的问题还是在水里待一辈子,随便。"

亚当斯本想骗走女记者,"让我上岸穿好衣服,我保证让你采访。请到树丛后面去,等我穿衣服。""不,绝对不行,"罗亚尔急促地说,"你若上岸来抱衣服,我就要喊了,那边有三个打鱼的。"最后,亚当斯无可奈何地待在水里回答了她的问题。

在一般的情况下,亚当斯是不会接受罗亚尔采访的。罗亚尔的聪明之处在于彻底地了解了总统的习惯及活动规律,抓住了亚当斯的薄弱环节,反客为主,掌握了主动。反客为主,不可谓不是一个好办法,聪明的女人,你们学会了吗?

迂回法——欲擒故纵

有这样一则故事:一休禅师自幼就很聪明。他的老师有一只非常珍爱的茶杯。一天,一休无意中将茶杯打破了,他感到非常懊悔。但就在这时候,他听到了老师的脚步声,连忙把打破的茶杯藏在背后。

当他的老师走到他面前时，他忽然开口问道："人为什么一定要死呢？"

"这是自然之事。"他的老师答道，"世间的一切，有生就有死。"

这时，一休拿出打破的茶杯接着说道："你的茶杯死期到了！"

老师此时才知上当，但回想自己的话，他并没有责怪一休。

一休巧妙地布下圈套，使老师说出"世间的一切，有生就有死"。从而为自己的错误开脱，足见其机智了。

在此故事中，一休禅师用的这招就是我们常听说的"欲擒故纵"。

欲擒故纵是一种迂回法，其中的"擒"和"纵"看似背向，却一点也不矛盾。"擒"是目的，"纵"是方法。如"穷寇莫追"，实际上，不是不去追，而是要讲究追的技巧与方法。因为，追得太急，把敌人逼急了，他反而会集中全力，拼命反扑。倒不如暂时放松一步，使敌人产生错觉，丧失警惕，然后再伺机而动，歼灭敌人。然而，这一谋略在交谈中同样实用。

欲擒故纵术不仅在军事上、谈判中是一个卓有成效、屡试屡灵的策略，在商业的经营管理中也是一个收服人心的良策。

某公司成立以来，事业可谓蒸蒸日上，但因受国际上供求关系的影响，今年的利润却大幅滑落。

董事长知道，这不能怪员工。因为大家都知道今年国际上的竞争比往年激烈，员工工作时为公司拼命的情况，丝毫不比往年差，甚至可以说，由于人人意识到经济的不景气，干得比以前更卖力了。

下篇 会说话的女人靠策略赢得人心

正因为如此,董事长心头的负担越发加重了,因为马上要过年了,照往常年终奖金最少要加发三个月的工资,可是今年算来算去,顶多只能发一个月的工资作为奖金。"这要是让员工们知道,士气不知道要怎样的低落,这后果……"董事长忧心忡忡,不知道该怎么办才好……

没过两天,公司突然传来了小道消息:"由于经营业绩不佳,年底要裁员,上层正在确定具体实施方案。"

顿时,公司内人心惶惶,每人都在猜会不会是自己,最基层的员工想:"一定由下面裁起,别的企业裁员都是从低层员工开始。"而主管们想:"我的薪水这么高,为了降低成本,只怕从我开刀!"

但是不久,董事长宣布:"公司虽然艰苦,但大家能够发扬同甘共苦的团队精神,再怎么危险,也不愿牺牲共患难的同事,只是年终奖金,是没有办法发了。"

听说不裁员了,人人都放下了心头上的一块大石头,那不致卷铺盖的窃喜,早压过了没有年终奖的失落。

眼看新年将至,人人都作好了过个穷年的打算,取消了奢侈品的花销预算和昂贵的旅游计划。

突然,董事长召集各部门主管开紧急会议。主管们匆匆上楼,员工们忐忑不安:"难道又变卦了?"

是变卦了。

没几分钟,主管们纷纷冲进自己的部门,兴奋地高喊着:"有了,有了,还是有年终奖金,整整一个月的工资,马上发下来,让大家过个好年!"

整个公司大楼,爆发出一片欢呼声,连坐在楼上的董事长,都感到了地板的震动……

"欲擒故纵",先"纵"后"擒",以"纵"引"擒",形"纵"实"擒","纵"中有"擒"。由此可见,遇到困难时,不要光想着考虑怎么正面解决,"欲擒故纵"有时也不失为一种高超的处世手段,在任何时候,智慧的运用都是最重要的。

欲擒故纵是谋略,同时也是一种说话艺术,"纵"就是要放得开,用顺从的话语麻痹对方,要为"擒"创造条件,最后达到"擒"的目的。女人们,你们不妨学习一下"欲擒故纵"的方法,如果你运用的巧妙,一定会收到很好的效果。

第五章
类比法
——譬喻类比让说服变得更生动

类比法也叫"比较类推法",类比法的作用是"由此及彼"。如果把"此"看作前提,"彼"看作结论,那么类比思维的过程就是一个推理过程。女人们可以用类比法,把复杂的道理转化为通俗易懂的语言去说服别人。女人们也可以用类比的方法,使他人对问题有个直观的认识。

用简单有趣的小事譬喻大道理

生活中一些聪明的女人为了更明了地表述自己的观点,往往会编造或借用一些小故事由此及彼使得某些深奥的道理从简单的故事中体现出来。这种由于不便直说本意,而是借用其他小故事来说道理,阐明本意的方法就是我们所说的类比法。

春秋战国时,陈国发生了内乱,陈灵公被大臣夏征舒杀了。陈国几个大臣逃到楚国,请楚庄王替陈国平定内乱。楚庄王打着匡扶正义的旗号,率大军灭掉了陈国,把其划为楚国的版图。一时间,南方属国的君主和许多小部落的首领都来道喜,国内的大臣也纷纷前来祝贺,独有大夫申叔时对此不说一句恭贺的话。楚庄王火了,责问道:"陈国的夏征舒杀了陈灵公,犯了滔天大罪,中原的诸侯哪个也没敢去过问,只有我主持正义,杀了夏征舒,而且又使我国增加了很多土地,哪个大臣、哪个属国不来祝贺?可你却吭都没吭一声,难道我做得不对吗?"

申叔时装作诚惶诚恐的样子,行礼说:"不是,不是,我的心里正想着一件解决不了的案子呢,所以还顾不上说别的。"楚庄王好奇地问是什么案子,申叔时说:"有个人牵着一头牛,从别人的田野走过,哪知牛儿踩坏了人家的庄稼。田地主人火冒三丈,不由分说,把那头牛抢去了,任凭牛主人好说歹说就是不肯还。请问大王,要是您遇上这个案子该怎么审理呀?"楚庄王不假思索地说:"我说应该把牛还给人家。"申叔时问为什么,庄王说:"牵着牛踩了人家的庄稼,这当然不好,可是就为这个抢了人家的牛,不是太过分了吗?"话一出口,庄王悟到了申叔时类

下篇　会说话的女人靠策略赢得人心

比法的用意,于是恢复了陈国,陈国的新国君陈成公从晋国回到陈国,他很感激楚庄王,就归附了楚国。

无独有偶,西汉大臣霍光在武帝时任奉车都尉,昭帝时任大司马大将军,辅政四帝。他死后,其子孙广治宫室,骄横荒淫,谋杀丞相,废掉宣帝,继而立光子霍禹为帝。茂陵人徐福上书皇帝:"霍家权势太大,陛下对他们既然宠护优待,就应该及时抑制,别让他们走向灭亡。"徐福上书三次,皇上总是不予理睬。后来霍家事发,遭灭族之罪,被杀几千人。告发霍家谋权的都受到封赏,徐福却被冷落一边。

有人向皇上进谏说:有位客人路过一户人家,见这家锅灶的烟筒是直的,旁边还有一堆柴草,便对主人说:"烟筒要修弯曲些,柴草要远离灶口,不然容易失火。"主人不以为然。不久,这家果然失火,邻里奋力扑救,侥幸把火扑灭。于是主人杀牛备酒答谢邻里,让救火受伤的坐在上首,其余按出力大小顺序就坐,就是没有请那位劝说修弯烟筒的。有人对主人说:"假如以前听那位客人的话,你就用不着杀牛买酒,也不会有火灾损失。今天论功请客,功劳大的反倒不请,这才是'曲突徙薪无恩泽,焦头烂额为上客'。"主人恍然大悟,连忙去请那位客人。

如今,茂陵人徐福几次上书数说霍家将要谋反,应该及早预防以绝后患,要是按徐福的奏章办,那么国家就不会有封赏的费用,霍家也不会有灭族的灾祸。事情虽然不出徐福所料,但徐福却没有得到封赏。这事请陛下斟酌,应重赏徐福的"曲突徙薪"之策,使他在那些告发者之上。

皇帝感悟,赏给徐福上等丝绸十匹,不久又任命他为郎官。

从以上这些说服事例中,聪明的女人不难发现:说服者无论讲述现实故事,还是非现实故事,都是短小精悍,蓄意深沉,而且听来饶有兴趣。同时故事内容与言谏本意扣得很紧,并以易喻难,以异显同,通俗易懂,让人乐意接受。而且说服者往往是先说故事,后露本意,故事是本意的铺垫和流露,而本意又是故事含义的集中概括,二者相辅相成,自然和谐,毫无矫揉造作之意。

　　类比法,触类旁通。说服者所"连"故事之"类",来自各种渠道,有的已流传民间,说者当场随手拈来,有的是乘时乘势,酌情编造。以借此喻彼,借远喻近,借古喻今,借小喻大。尽管故事内容千奇百怪,情节活灵活现,表述娓娓动听,宗旨却只有一个,就是吸引、打动被说服者,让其由此及彼,领会故事之外的真意,进而达到说服对方的目的。

用通俗易懂的比喻说服别人

　　女人们都知道生活中有些问题很抽象,难以说清楚、说明白,这个时候我们不妨用比喻的方法来说服别人。比喻,就是用人们已经知道的东西来说明人们所不知道的东西的一种常用的修辞方法,它能给人一个具体、可感的形象,从而加深对问题的理解。自古以来,许多思想家、教育家、政治家,在宣传思想、阐明观点时,都十分注意这一点。

　　战国时期著名思想家庄子就是善用比喻说服对方的高手。庄子一生都过着十分清贫的生活,有一天,他家里一点粮食也没有了,他万般无奈,只好放下手里的书,拎个袋子到朋友监河侯那里借点粮食。

　　监河侯正收拾行装要外出。庄子见了他,讲了借粮的事,监河侯满口答应:"好说,好说,不过我正要进城收租金,等我回来一定借给你300两银子,好吗?"

　　庄子心里算计,监河侯这次进城,定要半个月才能回来,自己一家人根本就坚持不到那个时候。于是,他想了想说:"老兄啊,刚才我见到一件事,很有意思,你不想听听吗?"监河侯说:"什么事,你快说。"监河侯向来特别爱听新奇的事。

庄子说:"刚才我到你这儿来的时候,在路上听见求救的声音。我到处找,却没有见人。原来在路旁的干河沟里,有一条小鱼,嘴巴一开一闭地在叫着。它说:'我从东海来,现在快干死了,先生能不能给我一瓢水,救我一命啊?'我说:'那太少了!你再忍耐一下,等我去找赵国和吴国的大王,请他们堵住西江的水,然后开沟挖渠,把西江水引到这儿来,你就可以顺水游回东海了,你看这样好吗?'谁知那条鱼听了很生气地说:'我现在已经快干死了,只要一小瓢水就能活下去。你的计划虽然很好,但等到西江水来的时候,恐怕我早已变成鱼干了,先生只好到干鱼摊上找我了。'"

监河侯听到这里,满脸通红,他连声向庄子道歉,立刻喊来家人,给庄子装了满满一袋粮食。

说服对方时灵活采用比喻的手法,不但能增强自己言论的说服力,也会让对手难以反驳,而且还能增强语言的趣味性,使说服显得更加委婉,一旦说服对象对我们的说服语言产生了兴趣,他便会不自觉地领悟到说服者要表达的思想。

著名的日籍华人夏目志郎年轻时曾当过推销员。一次,他到琦玉县去推销《儿童英语百科辞典》。当时,琦玉县经济不很发达,在全日本排名靠后,再加上道路崎岖,所以,很少有推销员愿意往那里跑。

但是,夏目志郎却不这样认为。在他看来,越是落后的地方,越是需要提高教育水平,这种书的需求量会越大。于是,他就背上书,挨门挨户地去推销。

来到一户农家,夏目志郎敲开门,说明来意。哪知,主人面无表情地说道:"你走错地方了,我们农夫没有必要学英语,你找其他人吧。"

夏目志郎连忙解释道:"先生,这书不是给您用的,是给孩子们用的。"

"孩子们？那就更不用了，他们能把日语学好就不错了。"主人的口气还是冷冰冰的。

夏目志郎并未放弃，仍然耐心解释道："现在的日本和过去不同了，如今日本越来越国际化了，使用英语的地方也越来越多。待在家里当然不需要英语。可是，你愿意让你的孩子一辈子待在家里，而不愿让他出去闯一闯，见见世面吗？您不觉得您这样做，是对下一代不负责任吗？"

听他这么一说，主人刚才冷冰冰的神情已经消失了，他若有所思地说："这英语好学吗？"夏目志郎觉得有希望，问道："府上养狗，您和家人是否怕狗？"

"当然不怕。"

"对呀，因为惯于养狗，所以不怕狗。学英语也一样，从小养成习惯，这对学英语是非常重要的。在自己身边有好的英语教材，小孩子一定会亲近它，不知不觉中就会对英语产生兴趣，不是很好吗？"

一番话过后，主人终于爽快地买下了夏目志郎手中的《儿童英语百科辞典》。

在这个例子中，夏目志郎把学英语比喻成养狗。刚开始时，人们可能会怕狗，但是，相处的时间长了，就会把它看成是自己家庭的一员，也就不再怕它了。学英语也是一样，刚开始时可能会觉得不好学，搞不明白，但是学的时间长了，就会像掌握本国语言一样熟练地应用。

夏目志郎把自己的建议说得如此生动、如此贴切，主人自然就会明白，学英语原来并不像自己想象的那么难。因此，主人最终动了心，买下了《儿童英语百科辞典》。

英国有个物理学家说："请记住用比喻来帮助是十分必要的，用比喻来说明事理，不但能使听众容易明白，而且可引起听众的兴趣。"

聪明的女人们,如果想使你们说服的语言,朴实无华,又具有很强的穿透力,就应该适当地多运用一些生动形象的比喻。这对于提高说服语言的明晰度和准确性,有着十分重要的意义。

借题发挥能让人对问题有个直观的认识

日常交际中,当对方说话不当,或者做了一些令自己不高兴的事情时,如果当面予以回击,会让双方都尴尬,甚至会反目成仇。在这种情况下,聪明的女人往往会先让自己平静下来,等找到合适的机会时,在用类比的方法,让对方也尝尝自己当时的滋味。这样,就能让对方很好地理解自己当时的不满之情,从而有所改变。

有位妻子在缝纫机上缝东西时,她的丈夫站在一旁不住地指手画脚,并不停地发表意见:"慢点……小心点……怎么搞的?你的针都快断了……把布向左边拉一点,过了过了,再向右拉一点……你真是笨手笨脚。"

终于,妻子忍无可忍,生气地说:"亲爱的,你能不能不要多嘴?我会缝。"

"你当然会,亲爱的,我只是想让你体验一下,你平常教我拖地板时我的感受。"

在这里,我们可以想象,当丈夫拖地时,妻子是如何在一旁指手画脚的。而聪明的丈夫避免了与妻子的当面冲突,当时没有发作。后来,在妻子缝东西时,丈夫抓住机会,借题发挥,让对方也体会一下受人驱使、听人吆喝的滋味。

借题发挥的关键就是"借"。如果借得适当,就会战胜对方,达到自己的目的。而借得不当,就会让自己丢面子,使形势对自己更不利。

有这样一则故事:齐国有一个叫田骈的人,平时总爱高谈阔论,表白自己清廉正直,不爱做官,甘愿为民服务。但他实则依靠权势,盘剥百姓,是一个十足的寄生虫。

有一次,齐人见到田骈,说道:"我听到先生的高论:提倡不做官,甘愿为民效劳。"

田骈反问:"你怎么知道的呢?"

齐人说:"我从邻家的女儿那里得知的。"

田骈说:"这怎么讲呢?"

齐人回答说:"我那邻人的女儿说是不嫁人了,但她才30岁就有7个孩子了。"

田骈听了,连忙走开了。

在这则小故事里,齐人借邻家之女不嫁却生了7个孩子为例,借题发挥,引申到田骈身上。就田骈鼓吹不愿做官、愿为民效劳的诺言作了无情的讽刺和挖苦,使田骈无法反击,只好认输走开。

运用借题发挥诡辩术,要求头脑机敏,反应灵活,善于联想,善于寻找契机,善于选择表达的言辞。在宴会上,当朋友们盛赞主人的热情和美酒的醇香时,你可不失时机地说:"愿我们的友谊像这美酒一样醇真浓厚。"大家一定会称赞你的机智和干练。

一天,孔子立于江边,久久不忍离去,子贡问:"先生,为什么每当发大水您总是喜欢前往观看呢?"孔子答道:"你看,那水滋润万物,万物得以生长,可它却丝毫不是为了自己,这多像德;它总是循着一定的河道,流往低处,甘居下位,这多像义;它浩浩荡荡,永无止境,这多像道;即使前面是万丈深渊,它却奔腾向前,义无反顾,这多像勇;它在盆中,总是一平如镜,这多像法;即使是细小的孔隙它也可以渗入,这多像察;江水浩荡东流,永不止息,奔向东海,这多像志;万物出入水中,就变得洁净,这多像教化。水有如此崇高的品德,怎能使我不前往观看呢?"

孔子借助于眼前所见流水,借题发挥,巧于联想,见别人所未见,想他人所未想,表现了他对崇高理想的执著追求。

借题发挥也是类比法的一种,借用其他事情来说眼前的事情,这种方法往往会达到很好的效果。借题发挥关键在于借的目的,是顺着对方的思路进行论辩。首先,借题要恰当,这个借题,既可以是直接借对方的论题,也可以是借与沟通目的有关的其他话题;其次,要发挥适度发挥的过程即论辩、反驳的过程,须做到概念明确、判断正确、推理符合逻辑,语气适中,不卑不亢;而且,结论一定要明确,最后画龙点睛明确表达出自己的最终目的才能让对方更好地明白自己的沟通目的。

女人们,你们是否会用借题发挥的说话技巧呢?如果不会,那就不妨学习一下,相信通过认真学习,巧妙运用,你一定会成为一个说话高手。